I0765154

¿Hacia una mutación de la democracia?

Rocío Annunziata
(compiladora)

¿HACIA UNA MUTACIÓN DE LA DEMOCRACIA?

¿Hacia una mutación de la democracia? / Rocío Annunziata ... [et.al.] ; compilado por
  Rocío Annunziata. - 1a ed. - Ciudad Autónoma de Buenos Aires : Prometeo Libros, 2015.
  206 p. ; 21x15 cm.

1. Filosofía Política. I. Annunziata, Rocío II. Annunziata, Rocío, comp.
CDD 320.1

Cuidado de la edición: Micaela Magni
Armado: Eríca Anabela Medina
Corrección: Liliana Stengele

© De esta edición, Prometeo Libros, 2015
Pringles 521 (C1183AEI), Buenos Aires, Argentina
Tel.: (54-11) 4862-6794 / Fax: (54-11) 4864-3297
editorial@treintadiez.com
www.prometeoeditorial.com

Índice

Presentación

Este libro es una aventura que es producto a su vez de otra aventura. La aventura del libro mismo es la de proponerse como un volumen dialogado, estructurado en base a comentarios y debates. No se trata de una sucesión o compilación de artículos sobre distintas temáticas relacionadas, sino de la cristalización de verdaderos intercambios entre quienes aquí aparecen como autores y varios investigadores más. El libro es un diálogo que espera perdurar y seguir creciendo.

Pero esto no puede comprenderse sin antes comentar cuál es la primera aventura de la que el libro mismo es resultado. En el año 2013 nos propusimos organizar entre varias universidades del país un seminario internacional que se extendería a lo largo de una intensa semana de discusión académica, bajo diversas modalidades: trabajo de comentarios y debate sobre la obra de algunos autores muy destacados, por un lado, y conferencias y mesas redondas públicas, por el otro. Así llevamos a cabo el seminario internacional que titulamos: "¿Hacia una mutación de la democracia?" (del 24 al 28 de junio de 2013), impulsado desde la Universidad de Buenos Aires por el equipo de investigación "Las nuevas formas políticas", y en asociación con la Universidad Nacional de Rosario, la Universidad Nacional de General Sarmiento y la Universidad Nacional de San Martín. Generamos así un muy logrado encuentro entre instituciones, profesores, investigadores, comunidades académicas y público en general, de esos que pocas veces pueden siquiera imaginarse por el tamaño de la empresa. Nuestro objetivo, con este seminario, era guiarnos por una pregunta: "¿podemos decir que nos hallamos frente a una mutación de la democracia?". Y tratar de responderla a partir de diversos ejes problemáticos, desde las transformaciones en la representación y el espacio público, hasta el rol del Estado en la democracia, la significación del progresismo, los cambios en los rituales del poder y el impacto de la globalización en lo político. Pensábamos estos ejes como signos comunes identificables en general en las democracias occidentales, pero sin dejar de reconocer la especificidad de los contextos y de los fenómenos regionales y nacionales. Por eso, además de las universidades argentinas, lo concebimos como un espacio de discusión con prestigiosos invitados de Europa y de América Latina. Toda una aventura, efectivamente.

Para llevarla a buen puerto, tuvimos el apoyo de muchas instituciones y contamos con el esfuerzo y la vocación de muchas personas, a las que no podemos dejar de mencionar y de agradecer. El comité científico del seminario estuvo conformado por: Isidoro Cheresky (Universidad de Buenos Aires), Osvaldo Iazzetta (Universidad Nacional de Rosario), Hugo Quiroga (Universidad Nacional de Rosario), Eduardo Rinesi (Universidad Nacional de General Sarmiento), María Matilde Ollier (Universidad Nacional de San Martín), y quien suscribe (Rocío Annunziata, Universidad de Buenos Aires). El comité organizador, sin cuyo empeño no hubiera sido posible concretar esta aventura, estuvo conformado por: Emilia Arpini (Universidad de Buenos Aires), Tomás Gold (Universidad de Buenos Aires), Gabriel Vommaro (Universidad Nacional de General Sarmiento), Nuria Yabkowski (Universidad Nacional de General Sarmiento), Betina Ronsisvalle (Universidad Nacional de Rosario) y Lucas González (Universidad Nacional de San Martín). La publicación de este libro es otra oportunidad para expresar un reconocimiento a estos equipos que supimos conformar. El reconocimiento hacia los comités científico y organizador se extiende también hacia muchos otros profesores, estudiantes e incluso autoridades universitarias que colaboraron también con la organización y el impulso de esta actividad, muy especialmente, todos los miembros del equipo "Las nuevas formas políticas" (Instituto de Investigaciones Gino Germani, Universidad de Buenos Aires) que contribuyeron con mucho empeño y entusiasmo para que fuera posible este seminario y, así también, este libro: Leandro Eryszewicz, Paula Krause, Andrea Pereyra Barreyro, Dolores Rocca Rivarola, Lucas Martín, Victoria Ortiz de Rozas, Bárbara Zeifer, Kevin Grunbaum, Wendy Chernicki. Cabe destacar la labor comprometida del intérprete Miguel Paleo, así como de Julieta Lenarduzzi quien tradujo la intervención de Bernard Manin en el presente volumen.

Este libro es al mismo tiempo otra ocasión para expresar un gran reconocimiento a nuestros conferencistas internacionales: Bernard Manin (École des Hautes Études en Sciences Sociales), Manuel Antonio Garretón (Universidad de Chile) y Marc Abélès (École des Hautes Études en Sciences Sociales), que se prestaron con generosidad al ejercicio de discutir sus obras en profundidad y a permitirnos, a partir de estas discusiones, avanzar desde distintos ángulos, en la cuestión que nos guiaba: la pregunta por la mutación contemporánea de las democracias.

Esta aventura del seminario supuso a la vez una fuerte voluntad institucional, no sólo de las autoridades de las universidades socias, sino también de otros actores que nos brindaron un apoyo tan fuerte como imprescindible para que el seminario pudiera desarrollarse. El Consejo Nacional de Investigaciones Científicas y Técnicas realizó una contribución fundamental, así como la Secretaría de Políticas Universitarias del Ministerio de Educación de la Nación. La cooperación siempre fructífera con la Fundación OSDE fue también imprescindible. Del mismo modo, el apoyo del Instituto Francés de Argentina, de la Embajada de Francia en la Argentina y, por su intermedio, de las delegaciones regionales para la cooperación, resultó de un enorme valor. Aunamos los esfuerzos entre establecimientos, instituciones, universidades y miembros de las comunidades académicas y esto nos pudo conducir a concretar una actividad verdaderamente fuera de lo común.

De esa aventura nace esta otra que es el presente libro, que busca recoger lo fundamental de los intercambios que tuvieron lugar durante esos días, y que se ofrece como un resultado para compartir y abrir el debate a nuevos interlocutores, y como un llamado a continuar debatiendo sobre estos problemas. Fiel a los propósitos del seminario del que surge, el libro no borra su estructura dialogada sino que la recupera. Está conformado así por comentarios y debates.

Los primeros son la recuperación de las sesiones de discusión que tuvieron lugar con los conferencistas invitados sobre sus obras y la significación de las mismas para el abordaje de la cuestión de la mutación de las democracias. Los comentarios, como respuesta a la intervención o conferencia de los invitados, conforman las primeras tres partes del libro. La primera parte surge de la discusión con Bernard Manin en torno a su concepto de "democracia de audiencia", que se desarrolló el miércoles 26 de junio de 2013 en la Universidad de Buenos Aires. Se retoman aquí los argumentos de Bernard Manin (Primera parte, I.), seguidos por los comentarios de Isidoro Cheresky (Primera parte, II.), Hugo Quiroga (Primera parte, III.) y Rocío Annunziata (Primera parte, IV.), quienes fueron los encargados de lanzar la discusión con Bernard Manin.

La segunda parte surge de la discusión con Manuel Antonio Garretón en torno a sus trabajos recientes sobre el progresismo y la mutación de las democracias latinoamericanas, que se desarrolló el jueves 27 de junio de 2013 en la Universidad de Buenos Aires. Sus argumentos abren la segunda parte (Segunda parte, I.), y son seguidos por los comentarios de Eduardo Rinesi (Segunda parte, II.) y Osvaldo Iazzetta (Segunda parte, III.), quienes fueron los encargados de lanzar la discusión en este caso.

La tercera parte surge de la discusión con Marc Abélès sobre la transformación de los rituales democráticos y los efectos de la globalización, que se desarrolló el viernes 28 de junio de 2013 en la Universidad de Buenos Aires. Sus argumentos son recuperados en primer lugar (Tercera parte, I.) y le siguen los comentarios de Alejandro Grimson (Tercera parte, II.) y Leandro Eryszewicz (Tercera parte, III.), quienes fueron los encargados de lanzar la discusión en esta sesión.

Por otra parte, los debates, que conforman las partes cuarta y quinta del libro, recuperan dos mesas redondas públicas en las que participaron estos invitados, pero también otros colegas de nuestra región. Así, la cuarta parte del libro reproduce el debate de la mesa de apertura que tuvo lugar el martes 25 de junio de 2013 en la Biblioteca Nacional sobre los desafíos de la democracia en América Latina. En esta mesa redonda participaron los profesores: Manuel Antonio Garretón, de la Universidad de Chile (Cuarta parte, I.), Fernando Mayorga de la Universidad Mayor de San Simón de Bolivia (Cuarta parte, II.), Gerardo Cateano de la Universidad de la República de Uruguay (Cuarta parte, III.) y Bruno Wanderley Reis de la Universidad Federal de Minas Gerais de Brasil (Cuarta parte, IV). La quinta parte, finalmente, reproduce el debate de cierre que se dio en la Facultad de Ciencias Sociales de la Universidad de Buenos Aires, en la sede de la Carrera de Ciencia Política. En este debate de cierre participaron Manuel Antonio Garretón (Quinta parte, I.), Bernard Manin (Quinta parte II.) e Isidoro Cheresky (Quinta parte, III.), con la idea de abordar de frente la pregunta que había guiado toda la semana de reflexión conjunta: ¿podemos hablar de una mutación de la democracia?

Dicha pregunta surge de la observación de algunos fenómenos significativos. Por un lado, nuestras democracias parecen atravesar cambios profundos en lo que respecta a sus actores e instituciones más tradicionales: los partidos políticos y los dispositivos de la representación. Los partidos han dejado de tener el peso y las funciones que tenían en el pasado en la vida democrática. Por eso nos interesaba partir del concepto de "democracia de audiencia" o "democracia de lo público", acuñado por Bernard Manin para nombrar al formato del vínculo representativo contemporáneo, en el que son los líderes apoyados en la opinión pública, y no ya los partidos, los que estructuran los clivajes políticos. ¿Pero han desaparecido los partidos? ¿Cuál es el lugar que ocupan hoy en día en las democracias? Sobre esta cuestión, el propio Bernard Manin revisita el concepto de "democracia de audiencia", llamando la atención sobre aquellos ámbitos en los que los partidos concentran actualmente sus funciones. El comentario de Isidoro Cheresky se presenta como una respuesta que pone el énfasis en la centralidad de los liderazgos y, sobre todo, en el desplazamiento de la columna electoral de la democracia hacia otras formas de representación que se despliegan por fuera de las instituciones, en paralelo a un cambio en la significación del acto electoral, que sólo parece implicar una cesión parcial de soberanía. El comentario de Hugo Quiroga responde no sólo al problema de los liderazgos, advirtiendo sobre las implicaciones que tiene este fenómeno en el verticalismo del ejercicio del poder y en la superioridad de los ejecutivos sobre los otros poderes, sino que también retoma otro de los elementos tratados por Bernard Manin en la revisión del concepto de "democracia de audiencia": los movimientos informales o la participación no-institucionalizada que caracterizan al espacio público contemporáneo, sin dejar de mencionar la cuestión de la comunicación electrónica. El comentario de Rocío Annunziata se centra en uno de los aspectos de la democracia de audiencia: la deliberación ciudadana, e interpela a Bernard Manin con interrogantes sobre sus trabajos más recientes, en los que propone el modelo del "debate contradictorio"; frente al auge de las teorías deliberativas orientadas a los "mini-públicos" rescata el valor democrático de una deliberación del conjunto de los ciudadanos.

Por otro lado, las democracias de nuestra región atravesaron durante los últimos años cambios significativos en la propia concepción de la política y del Estado. Por eso nos pareció estimulante discutir los conceptos de "neoliberalismo corregido" y "progresismo limitado" que propone Manuel Antonio Garretón para pensar este fenómeno, más conocido como el "giro a la izquierda en América Latina". ¿Se trata de cambios globales y homogéneos en nuestra región que nos permiten asegurar el fin de la era neoliberal? Sobre esta cuestión, el autor ofrece una tipología de los gobiernos progresistas, en función del polo desde el que se ha producido la recomposición: la política, la sociedad, o el mercado regulado estatalmente. El comentario de Eduardo Rinesi discute la original concepción del progresismo que moviliza Manuel Antonio Garretón, observando cómo se ha transformado nuestra visión del Estado durante los últimos años: si antes era *contra* el Estado que debían conquistarse los derechos, hoy parece ser *gracias* al Estado que podemos gozar de ellos. El comentario de Osvaldo Iazzetta se preocupa por advertir los desafíos pendientes en términos de estatalidad, redistribución e igualdad en los países de la región y señalar que, aunque la democracia necesita del Estado, más Estado no significa necesariamente mejor democracia; es preciso construir una "estatalidad democrática".

Otros elementos específicos de transformación de las democracias en nuestra región son tratados por los participantes de la primera mesa redonda. Manuel Antonio Garretón se pregunta sobre todo si no nos encontraremos frente al agotamiento de los modelos refundacionales, en sus distintas versiones: "societalistas", "politicistas" o "tecnocrático-mercantiles". Gerardo Caetano se concentra en el rol de la juventud en las nuevas formas de hacer política en la región, a partir de la constatación de la serie de movilizaciones recientes que se han caracterizado por el rechazo a los partidos y los sindicatos, y por la tecnosociabilidad creciente. Fernando Mayorga propone pensar, además de las mutaciones de la democracia, las mutaciones del populismo; y señala que nos encontraríamos en un tercer ciclo del populismo, el de los "populismos democráticos", que pese a su retórica participacionista, operan una ampliación de la democracia representativa. Bruno W. Reis, a la luz de las movilizaciones en Brasil de junio de 2013, advierte sobre el peligro de una política sin cuerpos intermedios y sin institucionalización, en beneficio de los poderes económicos; y convoca a ser creativos en el diseño de formas institucionales que articulen la representación y participación en nuestro tiempo.

Finalmente, son las formas de visibilización del poder las que han sido ampliamente transformadas en las democracias contemporáneas por la emergencia de internet y las redes sociales. Por eso nos pareció fructífero volver sobre la idea de "rituales democráticos" desarrollada por Marc Abélès. ¿Existe una crisis de los rituales? Sobre esta cuestión Marc Abélès reflexiona considerando las formas tradicionales de los rituales del poder y los efectos de desequilibrio que generan en ellos los fenómenos de las nuevas tecnologías y la globalización. El comentario de Alejandro Grimson recupera el problema de los rituales refiriéndose particularmente a los rituales argentinos, como la celebración del 25 de Mayo y sus transformaciones en el tiempo. El comentario de Leandro Eryszewicz se concentra en el problema de los desafíos que implica la globalización en lo que respecta a los espacios de lo político, rescatando la idea de que la crisis de la forma estatal no obliga a suponer una crisis de lo político, e interrogando la noción de "paradigma de la supervivencia".

Transformaciones en los partidos políticos y la representación, transformaciones en el rol y en la visión del Estado y los derechos, transformaciones en los rituales y en los espacios políticos, nuevos fenómenos políticos en la región latinoamericana, ¿estos elementos nos habilitan a hablar de una "mutación de la democracia"? ¿Y en qué sentido? ¿Se trata de una mutación del régimen político? ¿Se trata de un conjunto de transformaciones que revelan la adaptación y la resiliencia de la democracia representativa? ¿Se trata de una crisis pasajera de algunos actores e instituciones que debemos apuntar a superar? ¿Se trata de una transformación que da lugar a una democracia con una forma inédita y que nos obliga a descartar toda apelación a una vuelta al pasado? Con acuerdos y desacuerdos, los participantes de la mesa de cierre, Manuel Antonio Garretón, Bernard Manin e Isidoro Cheresky, abordan directamente la pregunta que nos convoca.

Más allá de los matices, de las especificidades de los casos empíricos, de las discrepancias en la interpretación, un diagnóstico común va resultando cada vez más evidente: las democracias de nuestro tiempo son democracias representativas en las que los partidos políticos ceden lugar a los liderazgos personales, y en las que la ciudadanía se expresa particularmente por fuera de los canales de la representación. Se amplía la centralidad de las manifestaciones ciudadanas espontáneas y sin mediaciones tradicionales, de las formas no institucionales de participación, al tiempo que la sociabilidad en internet está cambiando la fisonomía del espacio público. Este diagnóstico invita a un abordaje que no esté aferrado a las categorías con las que entendíamos a la democracia en el siglo XX, porque sabemos que los conceptos con los que nos acercamos a observar las experiencias pueden impedirnos percibir la novedad. Creemos oportuno, entonces, repensar el tratamiento de los problemas políticos de nuestro tiempo, analizando la validez de las categorías tradicionalmente movilizadas por la ciencia política para la interpretación de los fenómenos que nos circundan y tomando en serio la necesidad de construir nuevas herramientas conceptuales para abordarlos.

De ahí también que, como el seminario, este libro proponga un entrecruzamiento entre distintas disciplinas, particularmente: la ciencia política, la sociología política, y la antropología política; porque pensamos que lo político y la democracia merecen hoy en día el esfuerzo de un abordaje plural y reflexivo, que reúna las distintas perspectivas en la tarea de volver inteligibles nuestras sociedades contemporáneas.

Y en esta tarea, debemos fomentar un diálogo trans-institucional. En este sentido, nos complace el hecho de que, también como lo ha sido el seminario, este libro sea una cristalización de los lazos de cooperación entre cuatro de las principales universidades de nuestro país, y una prueba de la productividad del trabajo colaborativo en las ciencias sociales.

También sabemos que no alcanza con dar una discusión que creemos fundamental si ésta no puede ser reapropiada y resignificada por todos los que vivimos en las democracias contemporáneas. Por eso, el libro es un intento más en la dirección de expandir la discusión sobre la mutación de las democracias en nuestro país más allá del ámbito estrictamente académico. Así como el seminario del que nace ofreció actividades abiertas a la comunidad académica y científica y al público en general con el propósito de intervenir en el debate público, este libro apunta a dejar un rastro de los intercambios que pueda ampliar aún más la difusión de la pregunta que nos reúne y que nos guía.

Rocío Annunziata

PRIMERA PARTE:
La democracia de audiencia

I. La democracia de audiencia revisitada[1]

Bernard Manin

Hoy en día hay un amplio consenso en torno a la idea de que la democracia representativa ha experimentado una mutación significativa en las últimas décadas. Pero no existe el mismo acuerdo respecto de la naturaleza exacta de esta mutación ni de sus implicancias. Para caracterizar la nueva forma de la democracia, algunos hablan de "democracia de opinión", haciendo hincapié en el rol que actualmente desempeñan las encuestas de opinión en el manejo de los asuntos públicos. Otros prefieren hablar de "democracia de monitoreo" (*monitory democracy*), subrayando que los ciudadanos de hoy en día se involucran en política principalmente para el control ocasional de las acciones de los gobernantes (*cf.* John Keane, Michael Schudson). Finalmente, hay otros que ven la novedad de la forma contemporánea de la democracia en el hecho de que la participación política de los ciudadanos es actualmente más 'negativa' que positiva, que apunta más a impugnar o a bloquear las acciones de los gobernantes que a prescribirles qué acciones emprender (*cf.* Pierre Rosanvallon).

En este trabajo quisiera reexaminar aquello que, a mi parecer, caracteriza a la nueva forma que adopta la democracia representativa. En *Los principios del gobierno representativo*, el apartado titulado "La democracia de audiencia" analizaba los cambios que afectaron a las democracias represen-

---

tativas durante las últimas décadas del siglo XX. Pero los estudios con datos sistemáticos de numerosos países sobre estos cambios fueron publicados alrededor de la primera década de 2000.[2] Por lo tanto, aquí me propongo actualizar y revisar mi análisis inicial de la democracia de audiencia a la luz de estos trabajos más recientes.

I. La erosión de las fidelidades partidarias

Uno de los cambios más significativos de las últimas décadas concierne a los partidos políticos. Se dice que ya no prosperan, que están agonizando. El declive de los partidos se ha convertido en un tema recurrente del discurso público y se plantea el interrogante sobre sus consecuencias para el funcionamiento de los regímenes representativos. Pero los partidos políticos son objetos con múltiples dimensiones. Desarrollan varias tareas en diferentes esferas: movilizan a los ciudadanos durante las campañas electorales; unen a los militantes que comparten las mismas convicciones; presentan candidatos a las elecciones; y, también, estructuran el funcionamiento del Parlamento y del gobierno.[3] Su fuerza puede disminuir en alguno de estos ámbitos sin necesariamente declinar en el resto. El diagnóstico de un declive de los partidos es, en el fondo, poco informativo. No alcanza con observar que los partidos políticos han perdido esta o aquella capacidad para concluir su debilitamiento general.

El ámbito en el cual los partidos indudablemente han retrocedido es el de la fidelidad de los votantes. Ya no suscitan la adhesión duradera de quie-

---

[2] Ver especialmente (para mencionar sólo los estudios más significativos): Hans-Dieter Klingeman, Dieter Fuchs, (eds.), *Citizens and the State*, Oxford: Oxford University Press, 1995; Pippa Norris, (ed.), *Critical Citizens: Global Support for Democratic Governance*, Oxford: Oxford University Press, 1999; Susan Pharr, Robert Putnam, (eds.), *Disaffected Democracies: What is Troubling the Trilateral Countries*, Princeton, NJ: Princeton University Press, 2000; Pippa Norris, *Democratic Phoenix: Reinventing Political Activism*, Cambridge, Cambridge University Press, 2002; Bruce E. Cain, Russell J. Dalton, Susan E. Scarrow, (eds.), *Democracy Transformed? Expanding Political Opportunities in Advanced Industrial Democracies*, Oxford: Oxford University Press, 2003.

[3] Esta lista de funciones no busca ser exhaustiva. Por otro lado, no sigue la clásica división tripartita utilizada frecuentemente (los partidos en el electorado, los partidos en tanto organización, los partidos en el gobierno) porque ésta no capta bien los cambios que han afectado a los partidos en las últimas décadas. Las funciones mencionadas aquí no buscan más que ilustrar la variedad de actividades que desarrollan los partidos, para mostrar que estas diversas actividades pueden evolucionar de manera diferente.

nes votan por ellos o, más exactamente, ya no la suscitan al mismo nivel que en el pasado. Los signos de esta erosión de las fidelidades partidarias se han multiplicado en los últimos quince años. Esta tendencia ha sido ampliamente demostrada. Se la puede encontrar en el conjunto de las democracias desarrolladas.[4] Esto lleva a pensar que no se trata aquí de vicisitudes pasajeras, ni de un fenómeno propio de ciertos tipos de partidos o de ciertas configuraciones partidarias específicas, sino de un cambio estructural, ligado a transformaciones sociales de gran amplitud, como la individualización de las condiciones de trabajo, la erosión de las formas de inserción social propias de la sociedad industrial, la elevación del nivel educativo -con el consecuente debilitamiento de la deferencia hacia las autoridades y los representantes-, y la expansión de los medios de comunicación.

Observemos algunos de los principales indicadores de esta tendencia. Las encuestas de opinión realizadas en las democracias desarrolladas indican que el porcentaje de personas que se identifican con un partido ha ido descendiendo de forma continua durante los últimos cuarenta años. Este descenso es más perceptible en las generaciones jóvenes.[5] En lo que respecta a los comportamientos efectivos, independientemente de lo que dicen de las encuestas, la volatilidad ha aumentado en términos agregados: los resultados electorales de los partidos (su proporción del total de votos emitidos) varían más entre una elección y otra que lo que lo hacían hace medio

---

[4] Ver en particular Russell J. Dalton, Martin P. Wattenberg (eds.), *Parties without Partisans. Political Change in Advanced Industrial Democracies*, Oxford: Oxford University Press, 2000,

[5] R. J. Dalton, "The decline of party identifications", en R. J. Dalton, M. P. Wattenberg, (eds.), *Parties without Partisans, op. cit.* pp. 19-36. El concepto de identificación partidaria ha sido objeto de debate en la ciencia política. Aquí se señalará solamente que aunque la pertinencia de esta noción fuera de los Estados Unidos (donde ésta fue inventada) ha sido en principio impugnada, los investigadores de otros países han adoptado finalmente variantes enmendadas de la misma. El concepto y sus diferentes variantes tienen en común una significación central que comprende dos elementos: una orientación psicológica hacia un partido dado que sea a la vez *duradera* (ligada a una representación de identidad personal, que se pone de manifiesto con preguntas como "¿Considera usted que se encuentra cercano al partido X, Y, o Z ?"), y *afectiva* (marcada por sentimientos positivos hacia el partido considerado, más que por un conocimiento o una evaluación racional de sus posiciones). Estos dos elementos son bien representados por la expresión "adhesión partidaria" (*party attachment*) que utilizan en general los estudios de Europa Occidental. Para un breve repaso de los debates sobre la noción de identificación partidaria, ver Hermann Schmitt, Sören Holmberg, "Political parties in decline?", en H.D. Klingeman, D. Fuchs, *Citizens and the State, op.cit.*, pp. 94-99.

siglo.[6] Si se piensa en términos individuales, se evidencia que un número creciente de votantes declara haber votado por un partido diferente al de la elección precedente.[7] Los estudios sobre comportamientos individuales efectivos llevados a cabo a escala nacional muestran que muchos -si no la mayoría- de estos votantes indecisos alternan entre el voto y la abstención, o que otorgan sucesivamente su voto a diferentes partidos miembros de la misma coalición.[8] Al respecto, es preciso destacar además que en las democracias desarrolladas el número de partidos en competencia ha aumentado en términos globales, incrementando así las posibilidades de votar por dos partidos diferentes en elecciones sucesivas. El debilitamiento de las adhesiones partidarias se manifiesta también en otro signo: la práctica creciente del "corte de boleta" (*ticket-splitting*), en los países en que los electores tienen la posibilidad de votar por varios partidos en una misma elección.[9] Por último, las encuestas parecen indicar que un número creciente de votantes define su opción en el curso de la campaña, o incluso el día de la elección.[10] Estas decisiones tardías son aparentemente el caso de electores que no sienten un fuerte apego hacia el partido al que finalmente le otorgan su voto.

Recapitulando los resultados de investigaciones recientes, un estudio señala lo siguiente: "En las democracias establecidas hace mucho tiempo, hay ahora pruebas indudables de una lenta erosión de la identificación partidaria en el electorado (...) que reduce la proporción de electores que apoyan indefectiblemente a su partido sin importar lo que pase".[11]

---

[6] Ver Russell J. Dalton, Ian McAllister, Martin P. Wattenberg, "The consequences of partisan dealignment", en R. J. Dalton, M. P. Wattenberg (eds.), *Parties without Partisans, op. cit.*, pp. 38-42.

[7] *Ibid*, pp. 44-45.

[8] Sobre Alemania, ver Susan E. Scarrow, "Embracing Dealignment, Combating Realignment: German Parties Respond", en Peter Mair, Wolfgang C. Müller, Fritz Plasser (eds.), *Political Parties and Electoral Change. Party Responses to Electoral Markets*, Sage Publications, 2004, p. 91. Para Francia, varios estudios han mostrado la importancia creciente del "voto intermitente", en particular entre las generaciones jóvenes. Ver François Héran, "Voter toujours, parfois... ou jamais", en Bruno Cautrès, Nonna Mayer (dir.), *Le Nouveau Désordre électoral*, Paris: Presses de Sciences Po, 2004, pp. 351-366.

[9] Aquello es posible, bajo formas y en grados diversos, en Australia, en Alemania, en los Estados Unidos y en Suecia. En todos estos países el «corte de boleta» ha aumentado en las últimas décadas. Ver Russell J. Dalton, Ian Mc. Allister, Martin P. Wattenberg "The consequences of partisan dealignment", en R. J. Dalton, M. P. Wattenberg, (eds.), *Parties without Partisans, op. cit.* pp. 46-47.

[10] *Ibid.*, pp. 48-49.

[11] Pippa Norris, *Democratic Phoenix, op. cit.*, pp.103-104.

Pero la erosión de las fidelidades partidarias en el electorado no implica que los partidos se hayan vuelto obsoletos. Recordemos en primer lugar que los votantes leales no han desaparecido. Son seguramente menos numerosos que en el pasado, pero constituyen siempre una masa significativa con la que es necesario contar. Más allá de esta sencilla pero importante observación, un análisis más cuidadoso revela que los partidos no han perdido su fuerza, y que continúan siendo los principales protagonistas en dos ámbitos: la esfera parlamentaria y las campañas electorales.

Cabe destacar que, en las democracias de más larga data, los partidos políticos dominan siempre la arena parlamentaria. En estas democracias, el funcionamiento del Parlamento no se ordena en torno a coaliciones cambiantes de diputados sin afiliación, sino alrededor agrupamientos partidarios estables. En primer lugar, muy pocos candidatos logran ser electos al Parlamento sin afiliación partidaria o sin el apoyo de un partido significativo.[12] Ciertamente, en la actualidad los partidos llevan adelante campañas centradas en la personalidad de los candidatos y particularmente en la de sus líderes.[13] La personalización de la elección era perceptible hace una quincena de años, y se ha ampliado desde entonces. Pero los partidos se han adaptado a esta tendencia y a la creciente importancia de los medios de comunicación que la alimenta. De este modo, las elecciones al Parlamento se han personalizado sin dejar de ser un asunto de los partidos. La personalización habría podido tomar un rumbo diferente: las candidaturas de celebridades sin etiquetas podrían haberse vuelto habituales. Aquello no ha ocurrido. Al adaptarse, los partidos han logrado mantener su preeminencia. De todas maneras, es preciso remarcar que en muchos casos la capacidad de los partidos para lograr que sus candidatos sean electos se debe en gran medida a las leyes electorales y a las diversas reglamentaciones que brindan ventajas a los partidos existentes, especialmente en términos de subsidios y acceso a los medios.[14] Pero aquello no anula el hecho

---

[12] Kare Strøm, "Parties at the core of government", en R. J. Dalton, M.P. Wattenberg, (eds.), *Parties without Partisans, op. cit.*, pp. 190, 204. El autor señala sin embargo un ligero aumento del número de candidatos independientes.

[13] Ver Peter Mair, Wolfgang C. Müller, Fritz Plasser (eds.), *Political Parties and Electoral Change, op.cit.*, pp. 11, 265-266 (en la p. 265 se lee "Los partidos se vuelven idénticos a sus líderes"). Ver también David M. Farrell, Paul Webb, "Political parties as campaign organizations", en R. J. Dalton, M.P. Wattenberg, (eds.), *Parties without Partisans, op. cit.*, pp.102-128

[14] Las ventajas de las que se benefician los partidos establecidos en la competencia electoral han sido puestas de relieve por Richard S. Katz, Peter Mair, "Changing models of party organization

de que estas leyes y reglamentos han sido adoptados en algún momento, y mantenidos en vigor de allí en más. No pueden ser considerados como simples artificios, pues manifiestan una voluntad colectiva de garantizar el rol de los partidos. Que la preeminencia de los partidos en las elecciones parlamentarias sea el producto de disposiciones institucionales deliberadas no autoriza a considerarla como un hecho secundario o residual.

La preeminencia de los partidos en las elecciones al Parlamento entraña, en particular, una consecuencia destacable: los partidos continúan siendo las principales fuerzas en lo que hace a la definición de las opciones ofrecidas a los votantes en las elecciones parlamentarias. Aunque sus candidatos no lo destaquen en todos los casos, el simple hecho de que los partidos políticos estén presentes en la mayoría de las elecciones (puesto que ganan la mayoría de las veces) obliga a los candidatos independientes a posicionarse en relación con ellos. Cuando eligen a sus representantes, los electores se encuentran así frente a un paisaje esencialmente definido por los partidos políticos.

En lo que respecta al funcionamiento interno de los parlamentos, no se observa un relajamiento de la disciplina partidaria. Los grupos parlamentarios constituidos en torno a los partidos votan en bloque sobre los diferentes proyectos de ley puestos a consideración.[15] El hecho de que la mayoría de los diputados hayan sido elegidos bajo la etiqueta de un partido juega sin dudas un cierto rol. Otro factor se refiere a que la reglamentación parlamentaria brinda importantes ventajas procedimentales (en la composición de las comisiones y en la fijación del orden del día, pero también en la asignación de recursos) a los grupos constituidos formalmente.[16] Es preciso destacar también que la cohesión grupal reduce los costos de transacción entre los diputados: un diputado aislado que deseara hacer votar una ley debería gastar una energía y un tiempo considerables para reunir una mayoría. Por último, la disciplina de voto permite superar ciertos problemas inherentes a la acción colectiva. Los diputados que comparten un objetivo cuya realización exige una contribución colectiva costosa para cada uno de ellos (por ejemplo en términos de popularidad), podrían verse tentados

---

and party democracy: The emergence of the cartel party", *Party Politics*, 1995, vol.1, (1), pp.5-28.

[15] Verr Shawn Bowler, "Parties in legislatures: Two competing explanations", en R. J. Dalton, M.P. Wattenberg, (eds.), *Parties without Partisans, op. cit.*, pp. 157-179.

[16] Esta es la interpretación propuesta por Shawn Bowler (ver más abajo), sobre la base de abundante documentación.

de comportarse como "polizones", dejando que sus colegas carguen con todo el costo de dicha contribución; e incluso podrían estar interesados en desertar, al no saber si los otros se comportarán de forma cooperativa.[17] Hay por lo tanto varias razones para mantener la disciplina partidaria. Los recientes contrariedades del "anti partido" italiano *Cinque Stelle* muestran que la forma parlamentaria ejerce, por sí misma, una presión en favor de la organización de los partidos en el seno del Parlamento.

No solamente los grupos parlamentarios consiguen mantener una disciplina de voto sobre los diferentes proyectos de ley, sino también, en las democracias de más larga data, la pertenencia a estos grupos se mantiene estable a lo largo del tiempo. Se podría pensar que los diputados se pasan con relativa frecuencia de un grupo a otro, mientras que los miembros de cada grupo votarían en bloque sobre los diferentes proyectos de ley sometidos a debate. Ahora bien, los estudios muestran que el pasaje de un grupo a otro es un fenómeno inusual, tanto en el período de una legislatura como después de una reelección. La mayoría de los diputados permanecen como miembros del mismo grupo parlamentario tanto tiempo como conserven su banca en el Parlamento.[18] La razón principal parece ser que continuar siendo miembro del mismo grupo parlamentario es la forma más segura de volver a ser ungido como candidato, aun cuando en ciertos países el cambio de afiliación está de todas maneras prohibido por reglamento.

Finalmente, en los así llamados regímenes parlamentarios (por oposición a los regímenes presidenciales), la formación y disolución de los gobiernos son siempre decididas por los partidos, y no por coaliciones variables de diputados independientes. En estos regímenes, el corazón

---

[17] Estas reflexiones sobre las razones de la disciplina partidaria en el seno de los parlamentos encuentra su origen en los trabajos de Gary Cox. Ver en particular Gary Cox y Matthew McCubbins, *Legislative Leviathan: Party Government in the House*, Berkeley, Los Ángeles: University of California Press, 1993. Cox y McCubbins ven la reputación electoral del partido como el bien colectivo que beneficia a todos sus miembros electos si logran resolver los dilemas de la acción colectiva. Ésta es la razón por la cual recurren a un "Leviatán" que los fuerce a actuar en conjunto. En un estudio más reciente, Michael Thies propone extender esta lógica a situaciones donde el bien colectivo buscado por los diputados de un grupo cualquiera es la defensa de una posición común sobre un conjunto de temas cruciales. Ver M. Thies, "On the primacy of party in government: Why legislative parties can survive party decline in the electorate", en R. J. Dalton, M.P. Wattenberg, (eds.), *Parties without Partisans, op. cit.*, pp. 238-257.

[18] Ver Shawn Bowler, "Parties in legislatures: Two competing explarations", en R. J. Dalton, M.P. Wattenberg, (eds.), *Parties without Partisans, op. cit.*, pp. 175-179; el autor escribe: "Sin embargo los partidos en el seno del Parlamento parecen remarcablemente estables", p. 177.

del ejecutivo sigue estando así en manos de los partidos políticos.[19] Es cierto que, también en ese caso, aquello deriva principalmente de la reglamentación o de disposiciones constitucionales. No es menos destacable, sino de gran importancia, que estas reglas se encuentren en vigor en la mayoría de los regímenes parlamentarios y que no muestren signos de relajamiento. El hecho de que la fuerza de los partidos se deba a disposiciones institucionales más que a fenómenos sociales espontáneos marca seguramente un cambio respecto de una forma anterior de la democracia ("la democracia de partidos"), pero el mantenimiento de esta fuerza no deja de ser un hecho notable.

La cohesión de los partidos a nivel de los parlamentos y gobiernos tiene por efecto que las decisiones de política pública permanezcan en manos de los partidos políticos, al menos en lo que concierne a las políticas que las instancias representativas tienen a su cargo.[20] Aquello entraña, además, una consecuencia notable para el funcionamiento de la representación: los votantes pueden imputar la responsabilidad de las decisiones tomadas con bastante facilidad. Esta responsabilidad es seguramente más difícil de establecer en el caso de los gobiernos de coalición, por no hablar de las situaciones de cohabitación en los sistemas presidenciales o semipresidenciales. No obstante, la imputación de responsabilidades es más fácil si los partidos se comportan como actores colectivos unificados en el Parlamento que si estas políticas son determinadas por coaliciones cambiantes de diputados independientes. El hecho de que los partidos estén cada vez más identificados con sus líderes refuerza aún más los mecanismos de la responsabilidad. Es más natural considerar y tratar a un partido como actor unificado si éste se encuentra identificado con su líder.

El segundo ámbito en el que los partidos no han perdido fuerza e incluso se muestran en cierto sentido más dinámicos hoy en día que en el pasado es el de las campañas electorales. La señal más evidente de esta vitalidad reside en los recursos -tanto organizativos como financieros y de militancia- que los partidos destinan a las campañas electorales. Estas cam-

---

[19] Ver Kare Strøm, "Parties at the core of Government", en R. J. Dalton, M.P. Wattenberg, (eds.), *Parties without Partisans, op. cit.*, pp. 180-207, en particular pp. 197-201. Ver también Shawn Bowler, "Parties in legislatures: Two competing explanations", *art. cit.* pp. 167-168.

[20] Se podría sin dudas argüir que los partidos ya no controlan hoy en día ciertos ámbitos como la política regulatoria o la monetaria. Pero éstos han sido retirados integralmente (y deliberadamente) de la esfera representativa; las agencias de regulación independientes o los bancos centrales independientes no han sido concebidos como instituciones representativas.

pañas concentran en la actualidad lo esencial de la acción de los partidos, mientras que sus actividades asociativas han disminuido. Numerosos estudios muestran que los gastos electorales de los partidos han aumentado de forma considerable. Las campañas electorales se han profesionalizado de forma masiva y espectacular, movilizando cada vez más a expertos remunerados, especialistas en publicidad, medios de comunicación, marketing y estudios de opinión. Por otra parte, el recurso a profesionales explica en gran medida el aumento de su costo.[21] Estos cambios generalmente no son percibidos como signos de vitalidad. Se los ve más bien como una señal de decadencia respecto del modelo de partido de masa descrito por Duverger y otros autores en la década de 1950. En aquel modelo se consideraba que los militantes y adherentes de base constituían las fuerzas esenciales, y no los líderes del partido asistidos por profesionales. Es cierto que en la mayoría de las sociedades industriales avanzadas el número de afiliados a los partidos ha caído —mucho en algunos casos- a lo largo de las últimas décadas.[22] Comparaciones internacionales más amplias muestran sin embargo diferencias significativas entre un país y el otro, con el número de afiliados tendiendo incluso a aumentar en las democracias más nuevas (como España, Grecia y Portugal) y en ciertos países excomunistas (como Eslovaquia y Hungría).[23] Si se considera a todas las democracias del planeta, parece que el nivel de adhesión a los partidos varía en función del desarrollo socioeconómico, teniendo los países más ricos los niveles más bajos de adhesión. Más específicamente, una relación parece unir el nivel de adhesión a los

---

[21] Ver David M. Farell, Paul Webb, "Parties as campaign organizations", en R.J. Dalton, M.P. Wattenberg, (eds.), *Parties without Partisans, op. cit.*, pp. 102-128. Numerosos estudios muestran que los partidos se consagran cada vez más a las campañas electorales y recurren cada vez más a expertos profesionales. Ver por ejemplo Angelo Panebianco, *Political Parties: Organization and Power*, Cambridge: Cambridge University Press, 1988. En este libro, el autor afirma que los partidos se encuentran ahora formados principalmente por profesionales en temas electorales (*cf.* en particular el capítulo 14).

[22] Ver Susan E. Scarrow, "Parties without members?" en R. J. Dalton, M. P. Wattenberg, (eds.), *Parties without Partisans, op. cit.*, pp. 79-101. La autora destaca sin embargo que este declive de las adhesiones debe ser interpretado con prudencia. Es posible que haya tocado principalmente a las franjas periféricas de adherentes, aquellos que no estaban fuertemente involucrados en las actividades regulares de su partido. Parece, sobre la base de varios estudios nacionales, que la proporción de adherentes que participan regularmente en las actividades de su sección local varía entre el 10 y el 45 por ciento (p. 95).

[23] Ver Peter Mair, Ingrid van Biezen, "Party membership in twenty European democracies, 1980-2000", *Party Politics*, 2001, vol. 7, (1), pp. 5-21

partidos políticos y las tasas de penetración de la televisión: hay mayor adhesión cuando el acceso a la televisión es más limitado.[24] Esto lleva a pensar que los partidos cuentan con un gran número de adherentes cuando necesitan dirigirse directamente a los votantes. El menor número de adherentes no reflejaría, entonces, el menor atractivo de los partidos, sino el cambio en las tecnologías de la comunicación: los partidos simplemente habrían adaptado su forma de movilizar a los votantes.[25] En todo caso, los partidos continúan teniendo adherentes y militantes. Aunque más limitada que en el pasado, la adhesión a los partidos no ha desaparecido.

Paradójicamente, la energía que los partidos consagran en la actualidad a las campañas electorales se debe en gran medida a aquello que por otro lado los ha debilitado: la erosión de las fidelidades partidarias. Se ha mencionado que todos los partidos todavía cuentan con un núcleo duro de votantes leales. Pero como dicho núcleo se reduce, les hace falta ir a buscar apoyo en otro lugar. Al mismo tiempo, el hecho de que el núcleo de votantes leales disminuya en todos los partidos aumenta el tamaño del electorado 'disponible' al cual cada uno puede ir a buscar apoyos. Por lo tanto, para un partido cualquiera, el problema consiste en determinar a qué segmentos de este electorado disponible debe enfocarse. Ahora bien, este electorado es móvil y su comportamiento es difícil de encuadrar. Por ello, los partidos recurren a instrumentos más refinados como los estudios de opinión, las encuestas cualitativas, los grupos focales y otras técnicas, a los fines de precisar mejor las preocupaciones de los diferentes segmentos de este creciente electorado disponible. Estos estudios no constituyen, sin embargo, más

---

[24] Ver Pippa Norris, *Democratic Phoenix, op. cit.*, pp. 119-134.

[25] Los estudios no acuerdan sobre la cuestión de si la disminución del número de adherentes va acompañada de una reducción de la influencia de la "base" en el manejo del partido ("la democracia interna"). Esta cuestión es difícil de zanjar porque los partidos políticos modernos han sido siempre, como el propio gobierno representativo, instituciones mixtas. Los partidos de hoy en día, centrados en las campañas electorales, parecen otorgar un poder mayor que sus predecesores a los líderes del partido. Pero esta concentración del poder concierne esencialmente la determinación de la estrategia política y del programa. En lo que se refiere a la elección de las personas, en cambio, los partidos han democratizado el proceso de selección de dirigentes y de candidatos a las elecciones, abriéndolo a los adherentes de base, e incluso a los simpatizantes que no son miembros del partido. El efecto de estos movimientos en sentido contradictorio ha disminuido la influencia de las jerarquías intermedias de los partidos. Ver sobre este punto, Susan E. Scarrow, Paul Webb, David M. Farrell, "From social integration to electoral contestation. The changing distribution of power within political parties", en R.J. Dalton, M.P. Wattenberg, (eds.), *Parties without Partisans, op.cit.*, pp. 129-153.

que uno de los elementos tomados en cuenta en las decisiones estratégicas. Los líderes de cada partido eligen qué constelación de segmentos les resulta más apropiada en función de las propias características del partido, de sus valores, de sus tradiciones y especialmente de sus acciones pasadas. Para hacer esta elección, parece que los líderes de los partidos razonan más en términos de grupos de votantes (por ejemplo, si es preciso buscar el apoyo de los jóvenes o de las madres que trabajan, y de qué forma hacerlo) que en términos globales (cómo captar la máxima cantidad de votos).[26] Cada partido construye así una audiencia o público objetivo, seleccionando los segmentos del electorado a los que desea dirigirse. La respuesta de este público define su éxito o fracaso.[27]

Aunque el partido alcance su objetivo en una elección y el público al que apunta le otorgue sus votos, nada garantiza que este apoyo se mantenga durante el período de la legislatura, ni mucho menos hasta la próxima elección. Los votantes sin pertenencia partidaria no apoyan la política de un partido porque hayan votado por éste en las elecciones parlamentarias, ni lo votan por el solo motivo de haber hecho lo mismo en la elección precedente. Por lo tanto es crucial para los partidos seguir permanentemente las preocupaciones de estos votantes. Nuevamente, los estudios de opinión proporcionan un instrumento preciado, porque pueden ser repetidos a intervalos breves. Para alcanzar sus objetivos, cada partido debe adaptarse a las transformaciones del electorado y permitir que la composición de su público objetivo cambie, aunque este cambio permanezca limitado por las restricciones que imponen sus acciones pasadas. Más en general, los partidos deben *volver a movilizar* a los ciudadanos en cada nueva elección, llevándolos a las urnas, quizás literalmente, pero también llamando su atención e interés de forma renovada. Los votantes sin adhesiones de hoy en día no votan varias veces seguidas por el mismo partido, o no participan en varias elecciones sucesivas, salvo que se les den motivos particulares para hacerlo.

Varios estudios señalan que, lejos de debilitarse, los partidos han respondido a la creciente volatilidad de su entorno volviéndose más dinámi-

---

[26] Ver P. Mair *et al.* (eds.), *Political Parties and Electoral Change, op. cit.*, p. 12.
[27] El lugar central que ocupa aquí el estudio del público disponible y la configuración y la respuesta de la audiencia o público objetivo es razón para poner el nombre de "democracia de audiencia" a una situación en la cual predomina dicha práctica.

cos, más flexibles y más reactivos de lo que eran en el pasado.[28] Ciertos analistas concluyen asimismo que esta transformación ha vuelto a los partidos "más atentos a la opinión y a las expectativas de los ciudadanos".[29] Se ha demostrado también que en Europa Occidental, en las décadas de 1970 y 1980, las posiciones formuladas en las plataformas electorales de los partidos se encontraban en sintonía con las orientaciones de los votantes. Ya entonces los partidos se habían transformado ampliamente en organizaciones de campaña. Este cambio no parece pues haber disminuido su capacidad de reflejar los deseos populares y proporcionarles una traducción política.[30]

Los análisis precedentes muestran que los partidos políticos no se han debilitado de forma general y uniforme. Siguen siendo los protagonistas principales de la vida parlamentaria y de las campañas electorales. El cambio se refiere a la relación entre los ciudadanos y los partidos: hoy en día hay menos votantes leales —es decir, que votan sistemáticamente por el mismo partido- que en el pasado. Pero la adhesión duradera no es más que una modalidad particular y contingente del vínculo con los partidos. Las lealtades partidarias estables fueron el producto de un contexto histórico determinado. Ellas constituían la modalidad dominante en tiempos en que los partidos eran organizaciones con múltiples ramificaciones, que ofrecían toda una red de asociaciones y de actividades a grupos socialmente bien definidos, fuera por la profesión (como los obreros o los agricultores) o por la cultura (como el cristianismo). El partido de masas y sus ramificaciones sociales eran una forma de organización ligada a un momento del desarrollo socioeconómico (la formación y posterior madurez de la sociedad industrial), así como a un determinado estado de las tecnologías de la comunicación. La desaparición de este contexto y de las adhesiones partidarias

---

[28] Ver en particular P. Mair *et al.* (eds.), *Political Parties and Electoral Change, op .cit.*, especialmente pp. 1-19, 265-268. El autor escribe por ejemplo: "Los partidos, o al menos sus dirigentes, tuvieron que aprender a estar más dispuestos y más a la escucha" (p. 266).

[29] Ver David M. Farell, Paul Webb, "Parties as campaign organizations", en R.J. Dalton, M.P. Wattenberg, (eds.), *Parties without Partisans, op. cit.*, p. 123.

[30] Ver Hans-Dieter Klingeman, "Party positions and voter orientations", en H.D. Klingeman, D. Fuchs, *Citizens and the State, op.cit.*, pp. 182-205. Numerosos estudios han sostenido por otro lado que las plataformas electorales de los partidos constituyen buenos indicadores de sus prioridades cuando ocupan el poder; ver en particular Hans-Dieter Klingeman, Richard Hofferbert, Ian Budge, *Parties, Policies and Democracy*, Boulder, Colorado: Westview Press, 1994.

que éste favorecía han dado lugar a un vínculo diferente de los ciudadanos con los partidos y, más en general, con la política.

Es preciso señalar en primer lugar que en las sociedades industriales avanzadas el debilitamiento de las fidelidades partidarias ha sido especialmente pronunciado entre las personas interesadas en la política, así como entre las categorías de la población con un alto nivel educativo.[31] Estos ciudadanos no ven la proximidad respecto de un partido como un componente de su identidad social, pero tampoco son indiferentes a las cuestiones políticas ni a los resultados de las elecciones. Y, sobre todo, los votantes no partidarios o con adhesiones partidarias débiles son particularmente sensibles a las características específicas de cada votación. Parece que éstos acuden a las urnas cuando las cuestiones en juego en una elección les parecen importantes (si, por ejemplo, se ofrece la perspectiva de un cambio político relevante), y cuando se espera una elección reñida. Se abstienen, en cambio, si una u otra de estas condiciones no se cumple.[32] Los votantes ligados a un partido, por el contrario, participan en las elecciones cualesquiera sean las cuestiones en juego, y tanto si se espera un resultado ajustado como si no.[33] Como se ha visto, las elecciones son en general ganadas

---

[31] R.J. Dalton, "The decline of party identifications", en R. J. Dalton, M.P. Wattenberg, (eds.), *Parties without Partisans, op. cit.*, pp.32-33. Dos puntos suplementarios merecen ser mencionados aquí. En primer lugar, la erosión de las adhesiones partidarias no viene acompañada de una apatía o un desinterés creciente por la política. Diferentes indicadores muestran, por el contrario, una elevación del nivel de interés en la política y en los resultados electorales (*ibid.* pp. 56-57). Por otra parte, un estudio comparativo de los países europeos muestra que el debilitamiento de los vínculos partidarios no resulta en una disminución en la adhesión a la democracia. Ver H.D. Klingeman and D. Fuchs, "Citizens and the State: a relationship transformed", en H.D. Klingeman, D. Fuchs (eds.) *Citizens and the State, op.cit.*, pp. 428-435.

[32] Ver Mark N. Franklin, *Voter Turnout and the Dynamics of Electoral Competition in Established Democracies Since 1945*, Cambridge: Cambridge University Press, 2004 (en particular pp. 163-164). Una de las tesis centrales de Franklin es que el "carácter particular" de cada elección hace variar significativamente la tasa de participación. Este carácter particular es definido por los dos criterios mencionados aquí (percepción de que las cuestiones en juego son importantes y expectativa de un resultado ajustado). Observemos que en su estudio de las democracias a nivel mundial, Pippa Norris llega a una conclusión similar. Ver P. Norris, *The Democratic Phoenix, op. cit.*, pp.69-72.

[33] Este punto amerita ser subrayado. Varios estudios sostienen en efecto que la erosión de las lealtades partidarias induce una participación menos elevada porque, en el análisis individual, la adhesión partidaria (o, dicho en otros términos, la identificación partidaria) está estrechamente correlacionada con la participación electoral. Se encuentra esta tesis, por ejemplo, en Martin P. Wattenberg, "The decline of party mobilization", en R.J. Dalton, M.P. Wattenberg, *Parties without Partisans, op. cit.* pp. 64-76. Franklin afirma por el contrario que "en los estudios individuales que no tienen en cuenta el carácter de la elección, la función de la identificación partidaria es

por los partidos, y no por los candidatos independientes. Por consiguiente, se puede pensar que en las elecciones con alta participación de hoy en día, un gran número de votantes sin adhesiones partidarias vota sin embargo por los candidatos de los partidos. Estos votantes no se posicionan siempre a distancia de los partidos, sino que votan algunas veces por ellos. Por cierto, en ocasiones votan por partidos diferentes en dos elecciones sucesivas. En ambos casos su decisión depende de las circunstancias. Es por esto que se distinguen de los electores partidarios, que votan por 'su' partido cualquiera sea el contexto. Para los electores no partidarios el voto no es una cuestión de identidad sino de coyuntura: se sirven de los partidos cuando esto les resulta útil.

La idea de comportamiento instrumental implicada aquí requiere sin embargo algunas precisiones. Los ciudadanos que no acuden a las urnas más que cuando lo que está en juego les parece importante o cuando se espera un resultado ajustado, lo hacen probablemente movidos por consideraciones instrumentales. Su voto debe estar motivado por el deseo de producir algún efecto o de ejercer alguna influencia, sin lo cual no se explica por qué no votan más que en circunstancias que conciernen el resultado de la elección y sus consecuencias. Su motivación no puede basarse en el valor intrínseco que le otorgan al acto de votar (sea por razones puramente expresivas o por un sentido de deber cívico), pues si no votarían en todas las elecciones. Asimismo, la motivación de un voto ocasional no puede residir en el simple hábito, ni en las disposiciones de los electores, estables por definición. Se podría decir que los electores intermitentes de hoy en día actúan de forma instrumental en la medida en que su voto se encuentra globalmente orientado hacia los efectos y las consecuencias. Esto no implica, sin embargo, que estos electores tengan una idea precisa del resultado que desean alcanzar, ni que voten sobre la base de un cálculo conforme a las teorías de la elección racional. Este tipo de comportamiento, orientado hacia los fines aunque no estrictamente calculado, encuentra una ilustra-

---

malinterpretada. Se la considera en general como uno de los factores que hacen subir la tasa de participación, pero no es el caso. Es un factor cuya presencia impide que la tasa de participación disminuya tanto como lo habría hecho en elecciones de baja participación, pero seguramente no contribuye a aumentar la tasa de participación en elecciones de alta participación" (M. J. Franklin, *Voter Turnout and the Dynamics of Electoral Competition, op. cit.*, p. 164). En otros términos, las adhesiones partidarias tienen un efecto sobre la tasa de participación principalmente en las elecciones en las que las cuestiones en juego son poco importantes o el resultado no se anuncia ajustado.

ción en la expresión del lenguaje común "votar para enviar un mensaje". Los ciudadanos que votan para "enviar un mensaje" proyectan sin duda las consecuencias de su acto. Llevan a cabo el gesto de votar en vista de su efecto esperado, incluso si éste no se encuentra enteramente especificado.[34]

De hecho, los partidos políticos modernos siempre han funcionado como canales de transmisión de los deseos del electorado.[35] Siempre han ofrecido medios de expresión a la población. Pero los partidos de masas y sus redes de organizaciones asociadas desempeñan también otras múltiples funciones. Enviar mensajes a los poderes públicos y a la sociedad en general no era el único ni sin dudas el principal objetivo de sus adherentes. Los votantes sin pertenencias partidarias, por el contrario, parecen utilizar a los partidos sólo para comunicar sus deseos. Los partidos, que dominan la esfera parlamentaria y la de las elecciones, les ofrecen una multiplicidad de canales que pueden emplear a este fin, en función de las circunstancias.

Así, la diferencia entre la democracia de partidos y la democracia de audiencia no se debe a que en esta última los partidos no jueguen más que un rol marginal, y que otras formas de expresión política (las encuestas, por ejemplo) los hayan reemplazado en mayor o menor medida. Los partidos ocupan en ambos casos un lugar importante, pero de naturaleza diferente. En la democracia de partidos, los partidos políticos reflejan los clivajes socioeconómicos y culturales duraderos que estructuran a la sociedad. Cada partido es sostenido por un electorado leal que vota sistemáticamente por él. El partido y su electorado constituyen así una suerte de actor colectivo unificado (un "campo", como se dice a veces) y dotado de una identidad estable en el tiempo. En estas condiciones, se puede considerar a los partidos como los verdaderos sujetos de la democracia. La relación de fuerzas entre los partidarios ligados a diferentes campos determina cuándo los partidos gobiernan y cuándo están en la oposición (en los sistemas mayoritarios), o la fracción del poder que obtienen durante el período de una legislatura (en los sistemas proporcionales).

---

[34] En su teoría de la participación electoral, Mark Franklin insiste en la importancia de motivaciones como "enviar un mensaje" o "dar un mandato". Sin embargo, su perspectiva no es idéntica a la presenta aquí. Ver M. J. Franklin, *Voter Turnout and the Dynamics of Electoral Competition*, *op. cit.*, pp. 40-42.

[35] Ver por ejemplo Otto Kircheimer, "The transformation of European party systems", en Joseph Lapalombara, Myron Weiner, (eds.) *Political Parties and Political Development*, Princeton: Princeton University Press, 1966, pp. 177-200. Kircheimer explica que, entre otras funciones, los partidos desempeñan el rol de "custodios de mensajes" (p.190).

En la democracia de audiencia, los partidos ya no forman junto a sus electorados actores colectivos unificados y estables en el tiempo. Continúan formando agrupamientos duraderos y organizados en el seno del Parlamento, entre los militantes y en el curso de las campañas electorales. Pero no ocurre lo mismo en el electorado. Allí, los agrupamientos partidarios estables formados en otros niveles ya no pueden contar con la fidelidad de los votantes. Se ven confrontados, más bien, con una masa creciente de votantes no partidarios, que a veces se movilizan pero no siempre, y pueden reagruparse de acuerdo con líneas de división que varían según las circunstancias. Por lo tanto, los partidos deben determinar en cada elección a qué segmentos de este público disponible es oportuno apuntar. Necesitan en cada ocasión construir su público objetivo y buscar activamente su apoyo. Es la respuesta de estos públicos no partidarios por principio, o al menos ampliamente compuestos por electores no partidarios, lo que determina el acceso de los partidos al poder. En la democracia de audiencia los partidos ya no son, pues, los actores principales de la democracia: su éxito o fracaso depende de los públicos heterogéneos y variables que éstos se esfuerzan por reunir. La identidad de los partidos a través del tiempo se encuentra también atenuada, porque deben desviar su orientación, aunque sea parcialmente, para movilizar a estos públicos cambiantes.

En la democracia de audiencia, podría decirse, los partidos ya no son los sujetos de la democracia, pero constituyen una institución esencial de la democracia: reúnen conjuntos cambiantes de ciudadanos y les brindan instrumentos para hacerse escuchar.

Por lo tanto, una característica central de la democracia de audiencia es que los ciudadanos participan en las elecciones en función del contexto. El electorado de cada partido también varía según las circunstancias. Este modelo de implicación política variable del ciudadano en función del contexto no se limita solamente, sin embargo, a las elecciones. Caracteriza también a la participación no electoral.

II. El aumento de la participación política no institucionalizada

En paralelo a la erosión de las lealtades partidarias, el otro cambio significativo ocurrido en las últimas décadas es el aumento de la participación política no institucionalizada. Al parecer, un número creciente de ciudadanos participa en manifestaciones, firma petitorios, o ejerce presión directa sobre los gobernantes. Estos comportamientos son más difíciles de medir que el voto. Además, no hay acuerdo sobre la forma de conceptualizarlos. Ciertos estudios emplean la noción de "participación no electoral". Otros hablan de "participación no institucionalizada" o "no convencional", o prefieren el término de acciones políticas "protestatarias".[36] A pesar de estas vacilaciones conceptuales, no cabe duda de que los modos de participación ciudadana se han transformado significativamente en el curso de las últimas décadas. Las encuestas realizadas en diferentes regiones del mundo (como el Eurobarómetro) y a escala mundial (como la *World Values Survey*) muestran todas ellas un aumento significativo del número de ciudadanos que declara haberse comprometido en al menos una de las siguientes acciones: firmar petitorios, participar en una manifestación, una acción de boicot o una huelga, ocupar edificios o lugares de trabajo.[37] Las encuestas no proporcionan seguramente más que pruebas limitadas e imperfectas. Pero la tendencia que ponen de manifiesto es demasiado constante, y sobre todo demasiado uniforme por encima de las diferencias nacionales, para ser puesta en duda. Es cierto también que el método de las encuestas generalmente logra captar mejor los valores y las actitudes que los comportamientos reales.[38] Pero los estudios realizados a escala nacional sobre comportamientos efectivos confirman el alza de acciones como las manifes-

---

[36] Uno de los estudios más profundos sobre este fenómeno (en los países de Europa Occidental), es el de Richard Topf, titulado "Beyond electoral participation", en H.D. Klingeman, D. Fuchs, *Citizens and the State, op.cit.*, pp. 51-95. Los autores que dirigieron el volumen utilizan, por su parte, la expresión *"non institutionalized participation"*; ver H.D. Klingeman, D. Fuchs, "Citizens and the State: a relationship transformed", *in Citizens and the State, op. cit.*, en particular pp. 422-423, 428-432. "El aumento de la participación no institucionalizada observado en prácticamente todos los países", escriben los autores, "es el hecho más claramente demostrado por este volumen " (p. 431). En su estudio sobre las democracias a escala mundial, Pippa Norris emplea el término "protest politics", sin dejar de preguntarse si su uso es apropiado hoy en día. Voir P. Norris, *Democratic Phoenix, op. cit.*, capítulo 10, pp. 188-212 (ver en particular pp. 190-191).

[37] Para los países de Europa Occidental ver en particular R. Topf, "Beyond electoral participation" en H.D. Klingeman, D. Fuchs, (eds.) *Citizens and the State, op. cit.* pp. 51-95. Para las democracias del mundo ver P. Norris, *Democratic Phoenix, op. cit.*, pp. 194-202

[38] Aunque los primeros estudios se centraban en el "potencial protestatario" de las personas interrogadas a las que se les hacían preguntas como: "¿Podría usted participar en manifestaciones?", los análisis más recientes mencionados aquí se interesan principalmente por las acciones en las que las personas interrogadas dicen que se encuentran efectivamente comprometidas. Sobre este punto ver P. Norris, *Democratic Phoenix, op.cit.*, p. 194.

taciones.[39] En términos globales, los estudios empíricos de las democracias concuerdan en considerar que en el curso de las últimas décadas el repertorio de la acción colectiva ha evolucionado en beneficio de estas formas de participación política no institucionalizada. Los modos de acción y las formas de organización que habían caracterizado a los movimientos sociales contestatarios de la década de 1960 se han normalizado y han sido integrados al funcionamiento habitual de los sistemas representativos.[40]

Las formas de participación política no institucionalizada presentan, al parecer, varias características en común. En primer lugar, las acciones de este tipo se producen de forma episódica, en función de oportunidades generadas por un contexto particular. Las manifestaciones, ocupaciones y huelgas son en general desencadenadas por circunstancias específicas. Ciudadanos y militantes participan en estas acciones no por fidelidad a una organización, sino porque un suceso llamó su atención y la coyuntura ofrece posibilidades de acción.[41] Por otra parte, estos episodios de participación no institucionalizada se encuentran ligados a un problema particular. Los ciudadanos se movilizan en torno de un objeto o de un tema que los preocupa particularmente, y no de un vasto programa que cubre todos los ámbitos de la acción gubernamental. Las coaliciones implicadas varían en función del problema considerado. Cada problema involucra a públicos y militantes diferentes, al menos parcialmente.[42] Sin duda, es posible encontrar militantes o activistas por vocación que participan en movilizaciones por causas diversas. Es cierto también que la participación en una u otra de estas acciones puede constituir una forma de aprendizaje y preparar a los ciudadanos para comprometerse en las siguientes movilizaciones. No obstante, la composición de los públicos movilizados depende, al menos en parte, del tema de la movilización.

---

[39] Para Francia, ver por ejemplo el estudio detallado de Olivier Fillieule *Stratégies de la rue. Les manifestations dans la France des années 1980*, Paris: Presses de Sciences Po, 1996.

[40] Ver Sydney Tarrow, "Mad cows and social activists: contentious politics in the Trilateral countries", en Susan Pharr, Robert Putnam (eds.), *Disaffected Democracies. What's troubling the Trilateral Countries*, Princeton: Princeton University Press, 2000, pp. 270-290. Sobre la importancia creciente de las nuevas formas de participación política, ver también R. J. Dalton, S.E. Scarrow, B. Cain "New forms of democracy? Reform and transformation of democratic institutions" en Bruce E. Cain, Russell J. Dalton, Susan E. Scarrow, (eds.), *Democracy Transformed? op. cit,* pp. 1-20

[41] Ver P. Norris, *Democratic Phoenix, op.cit.,* p. 194. La importancia de la estructura de oportunidades se encuentra en el centro de los análisis sobre los movimientos sociales.

[42] Ver en particular Sydney Tarrow, "Mad cows and social activists: contentious politics in the Trilateral countries", *op. cit.,* p. 289.

Es preciso subrayar que el carácter episódico y variable de los modos de participación no institucionalizada presenta una similitud con los modos de participación electoral analizados más arriba. Las acciones colectivas no institucionalizadas presentan por último un tercer rasgo común: los ciudadanos que participan en ellas buscan influir directamente en las decisiones públicas y en aquellos que las toman. La participación política no institucionalizada parece apartarse así de los principios de la democracia representativa, e incluso entrar en conflicto con ellos.

Éste no es, sin embargo, el diagnóstico ofrecido por los diversos estudios transnacionales publicados recientemente. Cabe destacar que, a pesar de la diferencia de perspectivas y de objetos de estudio, todos estos trabajos hacen hincapié en el hecho de que la democracia representativa ha sido transformada, pero no puesta en cuestión, por la creciente importancia de la participación política no electoral. En su análisis de los países de Europa Occidental, Hans-Dieter Klingeman y Dieter Fuchs muestran que el aumento de la participación no institucionalizada no viene acompañado de una insatisfacción creciente respecto de la democracia representativa. Si bien la relación entre los ciudadanos y el Estado se ha "transformado", ellos advierten que el apoyo de los ciudadanos a las estructuras fundamentales de la democracia representativa no ha disminuido significativamente. Sobre todo, Klingeman y Fuchs destacan que esta transformación de los vínculos entre los ciudadanos y el poder se ha producido "*al interior* del marco institucional de las democracias representativas".[43] El sistema representativo, concluyen, se ha probado capaz de hacer lugar a modos de acción que podrían haberse creído contrarios a su lógica de conjunto.

Otro estudio transnacional toma como objeto los diferentes dispositivos por los cuales las democracias han incrementado la influencia directa de los ciudadanos sobre las decisiones públicas, como por ejemplo el uso de referéndums, la apertura de instancias decisionales a las ONGs o a grupos dedicados a la defensa de una causa (*advocacy groups*), las demandas de transparencia y publicidad dirigidas a las autoridades públicas, la intervención de mediadores (*ombudsmen*), e incluso los recursos contra las decisiones públicas presentados ante los tribunales. Se podría pensar que estas prácticas, ajenas a la representación, se han desarrollado en

---

[43] H. D. Klingeman, D. Fuchs, "Citizens and the State: A relationship transformed", en H.D. Klingeman, D. Fuchs, (eds.), *Citizens and the State, op. cit.*, pp. 434, 437 (las itálicas corresponden a los autores).

detrimento de las instituciones representativas. Ahora bien, el estudio no confirma en absoluto esta intuición. Los autores destacan por el contrario que esta transformación de las democracias se ha producido de un modo "que se apoya en las instituciones representativas y las completa, pero que no las suplanta".[44] Entre los dispositivos propiamente representativos y las intervenciones directas de los ciudadanos parece haberse establecido una relación de coexistencia y de complementariedad más que de competencia o conflicto.

En su estudio sobre la democracia a escala mundial, Pippa Norris pone el acento sobre un punto levemente diferente. La autora muestra que los ciudadanos de hoy en día no se han retirado de la vida pública; el militantismo no ha desaparecido, los ciudadanos de las democracias no se han vuelto a centrar exclusivamente en sus preocupaciones privadas. Desde este punto de vista, las nuevas formas de activismo contribuyen incluso a un renacimiento de la democracia representativa: "En resumen, contrariamente a la creencia común, las instituciones tradicionales que ponen en relación a los ciudadanos y el Estado están lejos de morir. Y, como un fénix, la reinvención del militantismo ciudadano permite que las energías circulen por diversas vías alternativas tanto como por los canales convencionales".[45] La complementariedad entre las formas electorales y no electorales de participación política se encuentra aquí reafirmada con brillantez.

La primera edición de *Los principios del gobierno representativo* no tomaba en consideración el desarrollo de la participación política no institucionalizada a lo largo de las últimas décadas. En la sección sobre la democracia de audiencia, las páginas dedicadas a la opinión pública no mencionan más que brevemente las manifestaciones y las peticiones.[46] Lo que se acaba de leer aquí constituye por lo tanto un agregado al estudio inicial. Un complemento de este tipo no altera sin embargo el marco general de análisis. La concepción del gobierno representativo expuesta en la obra incluso concuerda mejor que otras con el fenómeno que se acaba de destacar: las democracias representativas de las últimas décadas se han probado capaces de hacer lugar a formas de influencia directa de los ciudadanos sobre las decisiones públicas.

---

[44] R. J. Dalton, B. E. Cain, S. E. Scarrow, "Democratic publics and democratic institutions", en B. E. Cain *et al.* (eds.), *Democracy Transformed?, op. cit.*, p. 252.

[45] Pippa Norris, *Democratic Phoenix, op.cit.* pp. 222-223.

[46] *Cf. supra* pp. 293-297.

Es preciso, en este punto, insistir sobre algunas ideas ya formuladas. El gobierno representativo es en realidad un sistema complejo, formado por varios elementos. Las elecciones son un elemento central del sistema, pero no el único. Éste también se compone de disposiciones en favor de la discusión de las decisiones públicas y, sobre todo -lo que importa aquí-, de garantías para lo que se ha dado a llamar en el libro "libertad de la opinión pública", es decir al mismo tiempo la libertad de prensa y la de expresar públicamente opiniones colectivas, incluyendo las reivindicaciones dirigidas a los gobernantes. La Primera Enmienda a la Constitución de los Estados Unidos declara que "el derecho del pueblo a reunirse pacíficamente y a peticionar ante el gobierno para la reparación de agravios" ha formado parte del sistema representativo desde sus orígenes. Aquello no significa que lo que constituye una "reunión pacífica" haya sido definido de una vez para siempre y sin oposición. Queda claro, por el contrario, que la significación exacta de este derecho, su alcance y sus condiciones de ejercicio han sido objeto de encarnizadas disputas. En Francia, las libertades de reunión y de manifestación no han sido consagradas como libertades públicas fundamentales sino después de largas luchas. Pero esto no se contradice con el hecho de que, desde los orígenes del gobierno representativo, algunos de sus principales arquitectos hayan formulado el principio de que los ciudadanos conservan el derecho de hacer escuchar su voz directamente o de presentar sus quejas más allá del momento electoral.[47]

Esta concepción no es exclusiva de la tradición norteamericana. Se la encuentra también entre distinguidos actores y analistas perteneciente a diferentes tradiciones. En su clásica presentación de la libertad de los Modernos, Benjamin Constant caracterizaba así los derechos de los ciudadanos en un gobierno representativo: "En fin, es el derecho de cada uno de influir en la administración del gobierno; sea mediante la nominación de todos o algunos funcionarios, *sea por medio de representaciones, peticiones, demandas que la autoridad está en mayor o menor medida obligada a tomar en consideración.*"[48] Por su parte, Edmund Burke, tan apegado como era a la independencia de los diputados *vis à vis* las voluntades de sus electores,

---

[47] Este punto se encuentra desarrollado extensamente más arriba. Ver *supra*, segunda sección del capítulo V, pp. 214-223.

[48] Benjamin Constant "De la liberté des Anciens comparée à celle des Modernes", en *Ecrits Politiques*, editado por Marcel Gauchet, Paris: Gallimard-Folio, 1997 [1819], pp. 593-594. Las itálicas son propias.

escribía en una de sus cartas: "El pueblo en masa dispone de órganos que le permiten dirigirse al Parlamento y a la Corona para una respetuosa petición, y puede, *desde luego sin una autoridad absoluta, pero no sin un cierto peso,* dar instrucciones a sus representantes".[49]

En la actualidad con frecuencia se cree que el principio de la representación excluye la influencia directa de los ciudadanos en las decisiones públicas. Si uno adhiere a esta concepción, el hecho de que las democracias representativas hayan hecho lugar a la participación política no institucionalizada, sin por ello haberse convulsionado, no deja de parecer extraño. La impresión de extrañeza se disipa, sin embargo, si uno se percata de que el régimen representativo ha sido concebido hace mucho tiempo como un sistema complejo que garantiza, además de las elecciones, la posibilidad de que los ciudadanos hagan oír su voz en todo momento.

Esta posibilidad no implica que los ciudadanos la utilicen en toda ocasión. Se ha visto, por el contrario, que la expresión no electoral es en general episódica. Pero aquél no es un rasgo insignificante o residual del sistema representativo. Su importancia reside en que permite a los ciudadanos expresar sus voluntades políticas en el momento que prefieran, cuando los moviliza o están interesados en una cuestión particular. Las elecciones no ofrecen esta posibilidad porque su fecha está fijada de manera rígida. Pueden darse en momentos en que los ciudadanos no estén particularmente interesados en los asuntos públicos.

Identificar el régimen representativo con la elección de gobernantes constituye sin dudas una idea atrayente: es a la vez parsimoniosa y completamente determinada. La concepción defendida en *Los principios del gobierno representativo* no presenta estas características. Este régimen no solamente comporta varios elementos en lugar de uno, sino que además no especifica todas las reglas que gobiernan las relaciones entre los diferentes componentes del sistema. Esto vale, en particular, para la relación entre las expresiones electorales y no electorales de los ciudadanos. La formulación de Constant es aquí adecuada. Al afirmar que los gobiernos electos están "en mayor o menor medida obligados a tomar en consideración" la expresión no electoral de los ciudadanos, se pone de manifiesto el espacio de incertidumbre y de indeterminación inscripto en el principio mismo que

---

[49] Edmund Burke, "Third Letter on a Regicide Peace", en *Select Works of Edmund Burke. A New Imprint of the Payne Edition,* Prólogo y nota biográfica por Francis Canavan, Indianapolis: Liberty Fund, 1999 [1797], 4 vols., vol. 3, p. 238.

regula las relaciones entre las instancias electas y las voluntades colectivas expresadas directamente. En un sistema representativo, cabe mencionar, la voz del pueblo en las calles no hace la ley, pero ella tampoco cuenta para nada. Entre estos dos extremos igualmente excluidos, el peso que conviene darle no está definido. No todos los principios del gobierno representativo constan de un tal espacio de indeterminación. No se lo encuentra, por ejemplo, en el principio de la elección. Cuando los gobernantes pierden las elecciones, no se espera que respeten en mayor o menor medida el veredicto de los votantes. En este caso, se prescribe un comportamiento determinado.

Al focalizarse exclusivamente en las elecciones, las concepciones corrientes del régimen representativo soslayan una de sus características distintivas: la indeterminación parcial presente en su modo de estructuración del conjunto. Esta indeterminación es sin dudas una de las fuentes de su flexibilidad y de su capacidad para adaptarse a contextos diversos y cambiantes. La arquitectura del régimen representativo es la obra de una razón pragmática que no busca alcanzar en el orden político el rigor ni la precisión de la geometría.

II. Comentario en torno a los partidos y la representación en la democracia de audiencia

Isidoro Cheresky

Comienzo por situar nuestra relación con el invitado de hoy diciendo que para nosotros su presencia es muy importante, no sólo por la notoriedad que tiene Bernard Manin en el debate político contemporáneo, en particular en lo que hace a la representación y a la democracia, sino porque a nuestro equipo y a mí, su obra nos ha marcado desde el comienzo, en particular su notorio trabajo sobre el gobierno representativo, que devino una referencia ineludible para los estudios políticos. De hecho, antes de la publicación de esta obra hubo una compilación realizada por CLACSO cuya última sección incluía sus adelantos sobre la metamorfosis del régimen representativo, o sea que comenzamos a incursionar en su obra desde comienzos de los años '90.

Su libro entonces nos brindó un enfoque general sobre la evolución de la representación así como el marco conceptual en el cual ubicaba esas consideraciones. Esta reflexión sobre lo que calificaba no de crisis -el diagnóstico en boga- sino de metamorfosis. O sea que existen distintos momentos del gobierno representativo; y lo que vemos ahora, afirmaba a comienzos de los '90 y aún antes, es la democracia de lo público, luego llamada democracia de audiencia, que sucede a la democracia de partidos.

A partir de allí, desde que tomamos conocimiento de sus trabajos, la obra de Manin forma parte de los cursos que llevamos adelante con Rocío Annunziata y las personas que integran la cátedra "Teoría política contemporánea", y constituye una referencia permanente. Y es también una referencia para nuestro equipo de investigación Las Nuevas Formas Políticas, cuyo nombre es tributario en cierto modo de su enfoque.

Hay otros autores como Pierre Rosanvallon, Jacques Rancière y especialmente Claude Lefort, que forman parte de nuestro patrimonio intelectual, que a la par de Bernard Manin, propusieron un enfoque que transformó la manera de abordar los estudios sobre la democracia, en particular en la región. Es decir que en el grupo regional CLACSO, también la obra de Bernard Manin tuvo impacto cuando se analizaron las transformaciones más actuales.

Tengo pues la intención de plantear brevemente algunas preguntas y comentarios sobre el tema que me compete, el de la representación política. Me detengo en el capítulo de *Principios del gobierno representativo* sobre la metamorfosis de la representación, en particular en lo que se refiere al pasaje de la democracia de partidos a la democracia de audiencia, y también en el epílogo publicado en la edición 2012 de Flammarion en Francia, cuyo título es "La Democracia de lo Público Reconsiderada". Allí se percibe un replanteo y precisiones; es el tema que intento abordar.

Bernard Manin nos invita a reflexionar, nos alerta sobre el riesgo de una mala interpretación de la lectura del momento presente del gobierno representativo, y advierte que no hay que hacer una lectura incorrecta de la democracia de lo público, es decir, de lo que ocurre en la actualidad, de esas mutaciones a las que estamos asistiendo. La mala interpretación es la que no tendría en cuenta la importancia de los partidos políticos en los sistemas representativos. Y concluye en este epílogo a la edición francesa de 2012, que si bien los partidos políticos ya no son actores principales de la democracia, continúan siendo una institución esencial. Es una forma de conclusión que encuentro algo enigmática.

Asimismo subraya que si bien los vínculos estables de los partidos políticos con las bases ciudadanas se han reducido, los partidos políticos siguen siendo esenciales en el ámbito parlamentario y en las campañas electorales, es decir que, según la interpretación que nos ofrece, los partidos ya no tienen un electorado sólido, una base importante y estable, aunque hay ciertas esferas como el quehacer parlamentario y las campañas electorales en las cuales seguirían teniendo peso.

Además Bernard Manin aborda nuevamente el tema de la ciudadanía. Toma en cuenta la protesta ciudadana bajo sus diversas formas para concluir que esa expresión que él denomina a menudo participación, es lo que otros, quizás yo mismo, denominamos protesta. Esta participación-protesta debería ser entendida como un complemento de la representación electoral. Entonces, mi pregunta general, es un poco amplia, voy a exponerla de manera sintética y luego trataré de desarrollarla.

Mi pregunta general es la siguiente: ¿la mutación de los regímenes representativos de la democracia de partidos hacia la democracia de lo público no conlleva un reacomodamiento relevante, un lugar diferente para la representación electoral; la emergencia de otras representaciones no electorales, una centralidad de la ciudadanía autónoma de donde deriva la fluctuación del electorado, la desconfianza hacia la clase política y la posibilidad siempre presente de la protesta e incluso de un pueblo en acto? Hay pues muchos elementos en el planteo de Manin, y también en su epílogo, que llevarían a decir que existe un desplazamiento más significativo que la participación como complemento de la representación electoral.

Cuando se dice que los partidos políticos no son los actores principales se abre una brecha. Entonces ¿qué hay allí? Sobre este punto quisiera profundizar.

Hablo de lo que percibo como una tendencia que aparece, en mi opinión, ampliamente en la Argentina, y en varios países de América Latina, no en todas partes del mismo modo porque cada caso nacional tiene sus especificidades. Siempre se puede protestar desde uno u otro lugar. Pero esta tendencia es propia de las sociedades contemporáneas, no es exclusividad de América Latina.

Brevemente digo que hay una aclaración que se impone, mi enfoque no es normativo, pero en el plano normativo, sostengo como Bernard Manin que se necesitaría una presencia organizada de los actores políticos; abro el paraguas para protegerme de la lluvia ácida, que no se tomen mis dichos como anti-democráticos, ya que a menudo estos debates pueden derrapar. Lo que me interesa es que, aún para tratar la renovación institucional, hay que tener en cuenta lo que sucede hoy. Mis reflexiones apuntan a lo que realmente sucede y no a lo que debería ser o a lo que yo desearía que fuese.

Como ciudadano creo que se necesitarían actores políticos organizados, no sé si en la actualidad podríamos llamarlos partidos, en todo caso no serían los partidos que conocimos en los manuales de ciencia política y en el pasado, en ciertas sociedades occidentales. Las fuerzas políticas organizadas permitirían debates estratégicos que evidentemente faltan. Termina aquí mi referencia normativa.

¿Cuál es la base de la pregunta que hice acerca de esos cambios, cuál es el alcance de esa mutación? ¿Qué es la democracia de lo público?

En primer lugar quiero decir, retomando lo que también dice Bernard Manin, que el acto electoral cambió: no más programas en ocasión de campañas electorales, no más compromiso de los candidatos, y él afirma esto en referencia al plano nacional y yo me quedaré en ese plano. El gobierno debe gobernar cada vez más en la contingencia; si a veces hay programas, no cuentan demasiado. Y luego, está la importancia del voto reactivo. El voto reactivo es juzgar lo que hizo el gobierno en ejercicio, es también el balance de unos y de otros, aún de los opositores que son representantes.

El argumento principal sobre el que está basada la idea de un cambio significativo tiene relación con lo que llamo los signos de ciudadanía autónoma. "Ciudadanía autónoma" es un calificativo que puede parecer abstracto. En la hora actual el eje de la representación política, el acto electoral, ha cambiado porque sobre todo en el momento del voto, los ciudadanos sólo hacen una cesión parcial de soberanía. Es decir que hay gobernantes legítimos, pero hay una ciudadanía que al día siguiente de votar permanece vigilante, si se quiere al acecho, más allá de lo que dicen la constitución y las leyes y somete al gobierno al juicio de la opinión pública llegando hasta la protesta-veto.

Mi pregunta es: ¿se puede admitir esto o no? ¿Qué tenemos que decir sobre esta manera de ver las cosas?; no quiero entrar en el detalle de lo que está sucediendo en Brasil con las protestas desencadenadas por "Passe livre", pero todos piensan en ello. Voy a tratar de exponer muy rápidamente el fondo argumentativo en lo concerniente al sistema representativo y la autonomía ciudadana.

En primera instancia, los líderes de popularidad a nivel nacional son quienes aparecen como los organizadores de la escena política. Entonces, ¿cuál es la consecuencia en relación con lo que escuchamos a menudo o lo que nos dicen los manuales?

Es decir, no tenemos, como organizadores de la confianza política un sistema de partidos, con los términos tradicionales, o los conceptos tradicionales de sistema de partidos. Aún si hay partidos, aún si existe la apariencia de un sistema de partidos, lo que vemos en vísperas de elecciones, y que es muy claro en la Argentina pero también en otras sociedades, es un escenario dominado por líderes, a los que denomino "líderes de popularidad", y allí vemos partidos, cuyas redes políticas se articulan en torno a esos líderes, con frecuencia autoproclamados.

En las elecciones nacionales argentinas los líderes se autoproclaman, estos líderes son representativos por su relación directa con la ciudadanía, gozan de popularidad, es decir, establecen un vínculo de representación sin mediación.

Entonces, ¿cuál es ese vínculo de representación? Creo que el rol instituyente prevalece sobre el rol expresivo. No se puede decir que este líder se limita a recibir las demandas de los ciudadanos porque el líder de popularidad produce una verdadera reformulación.

Intento también remitirme a la manera en que Dilma Rousseff en Brasil trata de restablecer un vínculo de representación, pero finalmente, podemos referirnos a ejemplos argentinos. Hay temas alrededor de los cuales hay una cierta sensibilidad ciudadana, pero nunca son demandas que se inscriben políticamente sin que exista una manera de captarlas. Y las maneras de hacerlo son muy variadas, por ejemplo, el tema de la seguridad, el tema de la ecología, cualquier otro tema. Y en lo que hace al rol de los líderes, lo que llamo el rol instituyente, antes que observadores que detectan clivajes o divisorias de aguas, son los que las crean, no de manera arbitraria, pero las crean. Pueden aparecer, a menudo, como portadores de renovación, como *outsiders* en relación con la clase política, pueden venir de otra parte, del deporte, del espectáculo, pero en todo caso siempre marcan una distancia en relación con la clase política, aún si provienen de la clase política. El problema no es un problema positivo o empírico, es la manera de ubicarse en la escena. Estos líderes tienen por una parte libertad de decisión, pero son vulnerables teniendo en cuenta que se apoyan en una opinión ciudadana fluctuante.

Bernard Manin lo subrayó bien, los líderes personalistas gozan de libertad para diseñar un clivaje, en el cual se insertan, pero al mismo tiempo son vulnerables.

Sobre los sistemas representativos, segundo punto: los partidos políticos no son más lo que eran. En varios países que observé, se puede hablar muy bien de redes pragmáticas, esas redes pragmáticas tienen mucha importancia. Los brasileños, si no me equivoco, hablan de "partidos fisiológicos", es decir, partidos que se reproducen en el poder. Nosotros conocemos ese fenómeno en la Argentina, y aparentemente en otros países de América Latina. Basta con ver cómo se constituyeron recientemente en 2013 las listas electorales que fueron presentadas para las primarias abiertas, para saber lo que significan las redes pragmáticas, que se articulan en torno a líderes que son locomotoras electorales.

Estoy de acuerdo con esta afirmación que hace Bernard Manin, lo que llamo redes son necesarias como recurso para la competencia política, no se la puede pensar de otra manera, y desde luego, para gobernar. Pero estoy inclinado a creer que están a merced de los líderes de popularidad. En todo caso, hay muchas experiencias que muestran que los líderes de popularidad que están inscriptos en esas redes, en esos partidos o en su exterior, son los que definen las reglas, comenzando por autoproclamarse cuando se lanza la carrera presidencial. Pero hay que ver de qué modo se conforman las listas electorales en la Argentina para comprender cómo prevalecen los líderes sobre lo que puede ser la organización política.

Las fuerzas políticas o los partidos se convierten cada vez más en máquinas. Entonces, ¿cuáles son los partidos que existen? Porque los partidos existen, las redes existen. Es decir, ganan un espacio y se instalan en el aparato del Estado. Hubo un verdadero desplazamiento de la figura del partido de bases populares hacia partidos y redes, por supuesto los que están en el poder y también los que se sitúan en diversas oposiciones, cuyo personal y cuyos recursos están anclados, en los recursos humanos y materiales estatales. Cuando se ve cómo transcurre la negociación política, cuando la hay, se registra que el territorio tiene importancia y decimos que no hay solamente líderes de popularidad. Pero ¿qué son esos recursos territoriales? ¿Son las unidades básicas como existían en el pasado, en la Argentina? ¿Los comités? No, son fragmentos, son sectores del aparato del estado; es lo que tiendo a creer.

Mi interrogación, mi pregunta a Bernard es si este debilitamiento de los partidos no es verdaderamente fundamental para considerar que hay un cambio en su naturaleza. Peter Mair habló de los "partidos cártel", pero el partido cártel, ¿es un partido en el sentido de los que nosotros conocimos?

Entonces, ¿qué se observa en América Latina y quizás en otros sitios? Los líderes forman coaliciones. Casi en todas partes en América Latina la competencia presidencial es una donde se ve un candidato y en torno a él una coalición, no una coalición como las que conocimos en el pasado que surgía de una mesa de negociación donde varias fuerzas organizadas negociaban. No, el líder de popularidad tiene una capacidad de convocar y de articular, por no decir, de subordinar… Porque el líder de popularidad es una máquina electoral. Más que partidos se ven coaliciones heterogéneas desde el punto de vista del registro tradicional que conocemos. Las divergencias derecha - izquierda son cada vez más indetectables.

En este contexto, ¿cómo se presenta el juego político? Cada decisión importante del poder ejecutivo, para ser aceptada, debe ser legitimada en sí misma, y sobrellevar el riesgo del rechazo de la opinión pública, y ello es la expresión o la traducción de la cesión limitada de soberanía. Ya sean los cacerolazos en la Argentina o las protestas por las tasas impuestas a las exportaciones, o por los tickets de transporte público en Brasil, o bien por la ruta sobre el TIPNIS en Bolivia. Vimos esas protestas, ese veto y la fuerza de ese veto. Es más... es cierto que en los parlamentos existen bloques. Los bloques parlamentarios se ven a veces desviados en sus líneas de acción o fracturados por la movilización ciudadana. Tuvimos una experiencia ilustrativa en la Argentina en 2008 con el voto, finalmente negativo en el Senado, de la Resolución 125 que impulsaba el gobierno.

Conclusión: el nuevo escenario frecuente de la democracia continua sitúa como alternativa o freno del liderazgo presidencial a la movilización ciudadana: por un lado, el líder de popularidad, con la popularidad y el aparato, o sea la centralidad de un líder de popularidad, y por otro, la ciudadanía que puede ser electorado, puede ser opinión pública. La protesta ciudadana tiene la capacidad que no tiene la oposición política de torcer la orientación política, las decisiones del gobierno. Es así como veo el juego político, los escenarios y pienso que sucede así no sólo en la Argentina.

Dos palabras sobre la ciudadanía, para terminar. Habría que ver esta referencia que justamente Bernard Manin encuentra algo enigmática, el referirse a la ciudadanía en el lugar del pueblo, la idea del pueblo que era siempre la de un actor real y potencial. La ciudadanía refiere más a una arena de individuos y de grupos donde lo que está es la lucha de unos y otros por establecer relaciones de representación. Es decir que los líderes, frente a una ciudadanía fluctuante tienen la posibilidad de disputarse la representación. Es en este sentido que se habla de la ciudadanía. Bernard Manin dice, con razón, que a veces el veto, los estallidos ciudadanos son efímeros. La ciudadanía -que no creo sea muy participativa, aunque hay diferentes formas de participación-, está siempre presente con su opinión a través de encuestas y otras formas de figuración que no son sólo las encuestas; no voy a hablar aquí de Internet, que debe ser tenido muy en cuenta. La ciudadanía tiene una presencia, que es continua y por momentos fuerte, en ocasión de la protesta, del veto, del estallido: así la eventualidad de la calle ciudadana se instaló en el imaginario político de los gobernantes y de los opositores. Asimismo habría que ver si no hay que relativizar esta idea de lo efímero.

También ciudadanos que se movilizan por fuera de los partidos políticos, incluso a menudo bloquean la presencia de los partidos políticos. Una desconfianza hacia la clase política; que se instaló y que va a perdurar.

El otro rasgo de la movilización ciudadana es la negatividad, es decir, las movilizaciones son en su mayoría movilizaciones de rechazo. Hay pues una convergencia heterogénea, lo vimos con la Resolución 125, los descontentos que se volcaron a la protesta, a los cacerolazos, lo vimos en 2013 con las protestas en Brasil. Se puede tomar la negatividad como una extensión de la democracia porque los contemporáneos viven en un registro de igualdad, una práctica de la igualdad que se expande; un rechazo de las élites y de los privilegios. Esta contestación ciudadana pone en jaque la naturaleza mixta de la democracia, ya que la democracia, lo sabemos, es a la vez igualdad y poder de las élites, y esa tensión es persistente.

Pero al mismo tiempo esa protesta negativa si se conserva tal cual, en su puro rechazo conduce a la impolítica. Porque lo expuesto no es para hacer la apología de lo que emerge, sino para enfatizar el desafío que enfrentamos teniendo en cuenta esa ambivalencia. No es admisible una reacción temerosa sosteniendo ante lo espontáneo y efímero que sería necesario que se organicen. Se escuchan a menudo aún en los medios académicos expresiones de rechazo como si se tratara de acciones antidemocráticas, y puede haber potencialidades antidemocráticas, pero no ello no habilita reacciones convencionales que se encuadran mal en una concepción amplia de democracia. La protesta es la protesta y es válida en su desafío.

La protesta puede ser impolítica en la medida en que no se inscribe en una relación con otros actores de la comunidad política, y que no se plantea el problema de transformar una demanda en derecho. Lo que significaría inscribirla, e inscribirla también es negociar o ver cómo se traduce en la acción y no quedar, como ocurre a menudo, en un caso de demanda absoluta. A veces la protesta es global, como en Brasil, como fue con los cacerolazos en la Argentina. Es pura negatividad, y si no hay un cierto nivel de traducción política se puede caer en el *impasse* del pueblo en acto. La constitución de un *demos* es un problema, no es un resultado automático de la acción, requiere un contexto deliberativo.

III. Comentario en torno al espacio público en la democracia de audiencia

Hugo Quiroga

El tema de la mesa me convoca a reflexionar sobre las cuestiones centrales del pensamiento de Bernard Manin: deliberación, libre opinión, y debate contradictorio. Para nuestro autor la deliberación colectiva -uno de los valores centrales de la democracia- es un proceso en el cual los miembros de una colectividad se *comunican* entre ellos antes de tomar una decisión, pero esos participantes deben emplear argumentos destinados a convencer al público con enunciados que pueden hacer referencia tanto a hechos como a valores.

Bernard Manin considera que la libre discusión no es suficiente para hablar de deliberación. Sin la *confrontación* de puntos de vista opuestos no hay deliberación; la deliberación no surge espontáneamente, debe ser instituida. En cambio, la *discusión* no implica necesariamente confrontación, por eso nuestro autor le otorga prioridad al debate contradictorio, sin que ello implique reducir el rol de la discusión como forma de la deliberación democrática. En torno a estas reflexiones, hay una pregunta abierta por el propio Manin, que es fundamental: ¿cómo se lleva a la práctica la deliberación colectiva, como paso previo a la decisión? Esta es una cuestión compleja que toda sociedad debe afrontar.

A mi entender, la democracia actual se enfrenta con numerosos desafíos, con conceptos y realidades, que tienen su propia historia, con movimientos paradójicos, de avances y retrocesos. Esta modalidad democrática expresa la complejidad de la protesta actual, que abre las puertas a una nueva tipología de conflictos sustentada en otras representaciones, y en formas de autorrepresentación ciudadana. Es lo que trataré de comentar.

En efecto, ciertas particularidades están presentes en la experiencia de nuestra democracia contemporánea. Esquemáticamente las enumero: 1) la superioridad del Ejecutivo sobre los otros poderes públicos, que afecta la división de poderes, 2) el surgimiento de nuevos liderazgos personalistas y verticalistas, que evitan el poder de contralor, 3) el significado actual del principio de "soberanía popular" que alerta sobre una posible expresión vacía de sentido, 4) la intervención de actores informales, es decir, movimientos sociales, grupos cívicos, que son expresiones de la *informalización* de la política. 5) las nuevas tecnologías de comunicación política, Internet, la telefonía móvil, que se manifiestan en nuevas formas de *virtualización* de la política. 6) las "revueltas" violentas, violencias urbanas de jóvenes, de hijos de inmigrantes, de estudiantes, de "indignados", autoconvocados (que no tienen representación, ni programas, ni han creado nuevas institucionalidades). La revuelta funciona en la irrupción, es fragmentada, desordenada y escapa del mecanismo de representación.

La democracia de nuestros días se despliega hacia una *pendiente plebiscitaria*, que conecta adecuadamente con una época que puede ser calificada como gobiernos del Ejecutivo. En este paisaje, asoma, más bien, una *personalización* de la política gubernamental, que profundiza la tensión con el modelo deliberativo. Algunos autores consideran que hay que rediscutir el marco filosófico de la democracia representativa y nos remiten a la idea de "Posdemocracia" o "democracia posrepresentantiva", desde diferentes perspectivas.

Michael Walzer[50] se pregunta: "¿qué sucede en el mundo político además de la deliberación?", y responde, hay un conjunto de actividades y valores que componen el concepto de "política", que exceden la idea de razón, y a veces entran en tensión con ella: la pasión, el compromiso, la solidaridad, el conflicto. Por eso, Walzer se interroga: ¿cómo encaja la deliberación en un proceso político que es eminentemente no deliberativo?, o ¿cómo hacen para "razonar juntos" millones de ciudadanos, de una manera mínimamente convincente? Con todo, para este autor sería un grave error apartar a los ciudadanos de las cosas que sí pueden hacer juntos.

---

[50] WALZER, Michel, *Pensar políticamente* (2010), Paidós, Madrid, pp. 203-204.

Sabemos que la actividad política trasciende las instituciones representativas, hasta conformar espacios informales y no institucionalizados. Es el otro costado de la democracia representativa, que debería ser analizado en el marco de una esfera pública *extendida*. Hago referencia con ello a los "movimientos informales" -a falta de un término mejor-, más o menos organizado (movimientos sociales, grupos cívicos) que expanden la clásica acción política más allá de las formas representativas tradicionales. Esto guarda un aire de familia con lo que Manin llama *participación política no institucionalizada*[51].

A estas alturas cabría recordar que la democracia está emplazada en un vasto campo de tensiones. El conflicto es inevitable en la política democrática, es una "fuerza instituyente", no es un enemigo, es lo que hace que la democracia funcione, lo que somete a revisión mutua opiniones e intereses. La política conjuga la decisión con la deliberación, pero es también la experiencia de lo que nos une y nos separa. El problema radica en aquellas concepciones que absolutizan el momento de la decisión, en detrimento del consenso y la persuasión. Pero también existen ciertas versiones de la democracia que tienden a exagerar el papel y el poder potencial de la argumentación racional, sobre todo cuando no se tienen en cuenta las emociones, los deseos y las pasiones inherentes a toda política democrática.

La opinión pública forma parte de la lucha política. Lo que hay que discutir es el estatuto que adquiere la opinión pública y su relación con el poder, porque ella es al mismo tiempo *juez y destinatario* de las acciones del gobierno, y mantiene una relación ambivalente con el poder, porque es siempre efímera y volátil. ¿Quién es el portavoz de la opinión pública? No hay un único vocero. Una cosa son los ciudadanos reunidos en foros, asambleas, asociaciones, manifestaciones en la calle, actores de carne y hueso, y otra es el anonimato de la opinión pública, que no habla en primera persona, sino en tercera persona, según remarca Jacques Derrida. La opinión pública, aún vista como "fantasma" (Walter Lippman) o como "institución invisible", es un verdadero tribunal de enjuiciamiento de los actos de gobierno. En verdad, la opinión pública es un misterio difícil de descifrar.

---

[51] Tomado de la versión en inglés del Posfacio de la obra de Manin: *Kritik der repräsentativen Demokratie*, Mathes y Seitz, Berlín, editado en alemán en 2007.

Los cambios tecnológicos son tan vertiginosos que Jean-Louis Messika[52] describe el ingreso a un nuevo mundo de imágenes omnipresentes, con menos televisión -en camino de desaparición, no como tecnología sino como medio-, y con más presencia de Internet. En una conclusión provisoria del año 2006[53], Manin valora las posibilidades de intercambio y de comunicación en las redes mundiales, pero presenta dudas acerca de si Internet promueve la confrontación de opiniones adversas. Por tanto, estamos delante de una pregunta y una discusión abierta. Internet ofrece la posibilidad de participar en el proceso político en todo momento. En síntesis, el espacio público ha sido redefinido en sus fronteras. Hay una novedosa reconfiguración del espacio público a partir de una revolución comunicacional, Internet, la telefonía móvil. Precisamente, el espacio público extendido facilita el encuentro de opiniones diferentes y adversas. En el ideal deliberativo de Manin no es suficiente que haya opiniones contradictorias sino que también es necesario que esas opiniones sean expuestas públicamente, y que se haga visible la argumentación y confrontación.

El modelo televisivo implica formas de comunicación vertical, que convierte al ciudadano en un espectador que consume información pero que no la produce. El público no existe empíricamente. En cambio, la Red, es una forma de comunicación horizontal. En el espacio público de las Redes virtuales hay contacto *continuo* entre los usuarios, y una conversación entre *desconocidos*, que puede derivar en una interacción física (no sólo virtual) si esto concluye en protestas masivas en la calle como ha ocurrido en varios países de Latinoamérica y en otros lados. Marchas multitudinarias sin mediaciones partidarias, sin marcos de referencia institucional. Emerge aquí una *autonomía expresiva* de los ciudadanos, una autonomía cognitiva de los ciudadanos, en el marco de vigilancia y reclamos, como una forma de autorrepresentación democrática.

¿Cuál será el futuro de la democracia ante estos canales de expresión informales, de revueltas violentas, y de comunicación electrónica, que dominan la escena política? Son los nuevos desafíos que obligan a repensar las fronteras del espacio público y la dinámica de la vida política. Las complejas sociedades en las que vivimos no pueden ser repensadas

---

[52] MISSIKA, jean-Louis, *La fin de la televisión* (2006), La Répúbliques des Idées-Seuil, París.
[53] Ver LEV-ON, Azi et MANIN, Bernard (2006), "Internet: la main invisible de la délibération", en *Esprit,* mai. Disponible en http://www.wsprit.presse.fr/archive/review/article.php?code=13254. Consultado el 06/06/2013.

solamente en términos de teoría democrática. Es oportuno recordar lo que desde hace tiempo viene reclamando Robert Heilbroner sobre la naturaleza capitalista de las sociedades que acostumbramos a describir como únicamente democráticas. O, con otras palabras, la vida social está moldeada por el capitalismo. Más concretamente, Claude Lefort afirma que nadie pondría en cuestión que la democracia está ligada al capitalismo al tiempo que se diferencia del mismo. El punto es que se rigen por lógicas diferentes. La democracia se rige por el principio de la igualdad mientras que el capitalismo por la lógica del beneficio.

Para finalizar, la democracia es consenso y conflicto; confrontación de opiniones e intereses contrarios, que construyen la *argumentación pública* y la decisión política. La mejor decisión, la más consistente, es la que está precedida por el enfrentamiento entre las palabras y la rivalidad de los diferentes argumentos.

IV. Comentario en torno a la deliberación en las democracias contemporáneas

Rocío Annunziata

El problema de la deliberación es un problema fundamental si nos preguntamos sobre la actualidad de las democracias o sobre su mutación contemporánea. Para Bernard Manin, la deliberación se inscribe en la definición misma de la representación, como uno de los cuatro principios del gobierno representativo[54], o, al menos, tiene una afinidad histórica con nuestras democracias representativas: el gobierno representativo supone que las decisiones serán tomadas luego de haber pasado por la discusión y la deliberación. Pero, como son los representantes quienes siempre toman las decisiones, su independencia respecto de los electores aparece contrarrestada por la libertad de opinión pública, recordándonos que la representación nunca es absoluta, es decir, que los representantes no reemplazan completamente al pueblo. En la "democracia de lo público" o "democracia de audiencia", afirma Bernard Manin, la deliberación (que se desarrollaba en el origen en el parlamento y luego en el seno de los partidos políticos) se ha desplazado hacia el electorado. Parece coincidir o superponerse, entonces, con la libertad de opinión pública. Pero, a la vez, se vuelve más importante que en el pasado: la noción de mandato representativo, de promesa

---

[54] Ver Manin, Bernard: *Principes du gouvernement représentatif*, Paris, Flammarion, 2008. [Primera edición: 1996, Flammarion]. Hay edición en español: Manin, Bernard: *Los principios del gobierno representativo*, Madrid: Alianza Editorial, 1998.

electoral y de programa, pierde gran parte de su sentido con la primacía de los líderes que ofrecen imágenes vagas a un electorado sin identificaciones estables. Puesto que las elecciones implican cada vez menos la determinación de una orientación política y cada vez más la sola selección de los gobernantes (lo que Pierre Rosanvallon llama la "desacralización de la elección"[55]), pareciera que las decisiones de estos gobernantes, al menos las más significativas, deben ser sometidas a la deliberación de los ciudadanos (o, si no, los gobernantes pueden enfrentarse al riesgo del rechazo ciudadano de las decisiones, con manifestaciones en la calle). Es decir que parece tejerse más que nunca un vínculo, una articulación entre deliberación y legitimidad democrática.

En un contexto semejante, los trabajos de Bernard Manin sobre la deliberación adquieren una enorme importancia, no sólo a causa de esta significación de la cuestión de la deliberación para las democracias contemporáneas, sino también a causa de los aportes y contribuciones originales que el autor ha realizado hacia el interior de una corriente teórica que se ha transformado actualmente casi en una sub-disciplina de la filosofía y la teoría política, sobre todo luego del camino abierto por Jürgen Habermas[56]. En el marco de los estudios sobre la deliberación y la democracia deliberativa, los trabajos de Bernard Manin instalan un elemento que los distingue de la gran mayoría de los trabajos sobre el tema, inscriptos en la línea habermasiana, y que significan un aporte fundamental para una concepción de la deliberación democrática que no da por adquirido su carácter democrático: me refiero al retorno a la tradición filosófica y a las experiencias griegas clásicas. Bernard Manin revisita la tradición clásica para poner en evidencia que las teorías contemporáneas de la democracia deliberativa conciben la deliberación como una discusión, en la que los miembros del grupo intercambian argumentos entre sí, mientras que la deliberación para los griegos era concebida como la situación en la que algunos oradores defienden puntos de vista opuestos, buscando convencer a la asamblea a

---

[55] Ver Rosanvallon, Pierre: *La légitimité démocratique. Impartialité, réflexivité, proximité*, Paris, Seuil, 2008. Hay edición en español: Rosanvallon, Pierre: *La legitimidad democrática. Imparcialidad, reflexividad, proximidad*, Buenos Aires, Manantial, 2010.

[56] Ver especialmente Habermas, Jurgen: *Facticidad y validez*, Madrid: Trotta, 1998. Para conocer los postulados y matices al interior de esta corriente, ver el célebre trabajo compilado por Jon Elster: *La democracia deliberativa*, Barcelona: Gedisa, 2001. Charles Girard y Alice Le Goff también han dirigido una compilación reciente muy significativa y recomendable para abordar el tema: *La démocratie délibérative. Anthologie de textes fondamentaux*, Paris, Hermann, 2010.

la que dirigen sus discursos, pero cuyos miembros no discuten entre sí, o no lo hacen necesariamente, es decir: los oradores hablan pero es el conjunto de los ciudadanos el que delibera. A partir de esta distinción entre las teorías y las experiencias griegas y las teorías y experiencias contemporáneas, el autor propone privilegiar lo que llama el "debate contradictorio" (la exposición de los argumentos *a favor* y *en contra* de una decisión frente a una audiencia) sobre la discusión como modelo de deliberación. Hace referencia a instituciones atenienses apoyadas en el carácter obligatorio del debate contradictorio (los tribunales populares para juzgar ciertas medidas, institución denominada "acusación en ilegalidad" y la norma de escuchar a ciudadanos defendiendo una ley antes de abrogarla, denominada "nomotetas"; y propone incluso institucionalizar la práctica de los debates contradictorios, organizados por asociaciones, fundaciones, *think thanks*, etc[57].

Esta idea de la deliberación es más democrática que la que predomina en nuestros días, especialmente por sus consecuencias: porque concierne a todos y a cualquiera. No se trata de la deliberación de una elite en el parlamento, ni de la del pequeño número de ciudadanos interesados por la vida pública y movilizados, ni de la del pequeño número de ciudadanos seleccionados de manera artificial por sorteo y muestras aleatorias, como en las experiencias, muy difundidas hoy en día en Europa y en América del Norte, bajo el modelo de los jurados de ciudadanos, sondeos deliberativos, conferencias de ciudadanos, etc[58]. En estas experiencias se selecciona una muestra de ciudadanos, se los hace discutir durante días, se les proporciona una formación, por medio de documentación equilibrada y de los intercambios con expertos, y, finalmente, se les pide una opinión "esclarecida" sobre un tema con frecuencia controvertido desde el punto de vista ético o científico. Por el contrario, la idea del debate contradictorio nos permite pensar la deliberación en la marco del gran público y no en el marco de dispositivos o espacios cerrados, de "mini-públicos", como se hacen llamar estas experiencias deliberativas contemporáneas que acabo de mencionar. Es decir, es la manera de pensar una deliberación que puede ser verdaderamente la deliberación de todos los ciudadanos, lo que está en sintonía

---

[57] Ver Manin, Bernard: «Comment promouvoir la délibération démocratique? Priorité du débat contradictoire sur la discussion», en *Raisons Politiques*, N° 42, 2011/2.

[58] Ver, por ejemplo, Blondiaux, Loïc: *Le nouvel esprit de la démocratie. Actualité de la démocratie participative*, Paris: Seuil, 2008. Hay edición en español: *El nuevo espíritu de la democracia. Actualidad de la democracia participativa*, Buenos Aires: Prometeo, 2014.

con la preocupación de Simone Chambers[59] sobre el abandono que hace la democracia deliberativa de la democracia de masas, y en sintonía con la propuesta de una "deliberación mediatizada" de Charles Girard[60].

Dicho esto, uno de los interrogantes que surge es si esta idea del debate contradictorio, que permite ampliar los actores deliberantes, no debería implicar lógicamente una ampliación de la decisión. La decisión forma parte incluso de lo que Bernard Manin llama una definición parsimoniosa, modesta, *thin*, o mínima de la deliberación: un proceso durante el cual los miembros de un grupo se comunican entre sí, antes de llegar a una decisión, empleando exclusivamente argumentos que buscan convencer a los oyentes en virtud de su validez intrínseca –y no por medio de promesas y de amenazas. Volveré más adelante sobre esta definición, pero es interesante aquí reflexionar sobre el vínculo entre deliberación y decisión. Si pensamos en las campañas electorales, la idea que sostiene Bernard Manin del debate contradictorio como deliberación del electorado es muy clara, puesto que los ciudadanos forman parte de una audiencia a la cual se dirigen los diferentes discursos, y, luego de esta deliberación, votan, eligen los representantes. Ahora bien, ¿cómo considerar que los ciudadanos deliberan sobre las cuestiones de interés público en tanto que audiencia de los debates contradictorios si no van a tener ningún peso en la decisión sobre estas cuestiones? O podría reformularse la pregunta así: por fuera de los procesos electorales, ¿en qué otro caso tendría un sentido fuerte el impulso de los debates contradictorios? ¿Si nos imaginamos que para algunas cuestiones cruciales se organizan consultas populares amplias, como referendos, por ejemplo? ¿O acaso hay que pensarlo como que esta deliberación en la forma de debates bastaría para asegurar una mayor legitimidad democrática a las decisiones tomadas de todos modos en otro lado?

Por lo demás, existe otra dimensión fuertemente democrática en la idea de debate contradictorio promovida por Bernard Manin, y es que contribuye a la reflexión común, sobre cuestiones de interés público, y al hacerlo alienta la reflexión de la sociedad sobre lo común, sobre lo que concierne a todos, a contracorriente de la deriva de las transformaciones contemporáneas de la democracia que Pierre Rosanvallon llama "lo im-

---

[59] Ver Chambers, Simone: "Rhetoric and the public sphere: has deliberation abandoned mass democracy?", en *Political Theory*, N° 73, 3, 2009.

[60] Ver Girard, Charles: "La délibération médiatisée. Démocratie et communication de masse", en *Archives de philosophie du droit*, tomo 54, L'E-Justice. Dialogue et pouvoir, Paris : Dalloz, 2011.

político", por ejemplo[61]. Es el propio Manin quien señala como una de las razones para fomentar debates contradictorios el hecho de que éstos pueden contrarrestar la fragmentación del espacio público; y es la razón más importante desde un punto de vista democrático. Bernard Manin afirma que este tipo de debates unifican el espacio en el que se forman y se expresan las opiniones, frente a la tendencia actual de fragmentación y segmentación del espacio de las opiniones (generada, entre otros factores, por los canales temáticos o la lógica de internet); lo que recuerda, por otra parte, a uno de los argumentos de Dominique Wolton[62] en defensa de la televisión generalista, porque refuerza el lazo social al hacer hablar a la gente de los mismos problemas.

Ahora bien, esto conduce a pensar en la situación argentina actual. Podríamos decir que el gobierno en funciones, o el kirchnerismo, con la apelación que hace a un proyecto y con una acción política muy intensa e instituyente, ha logrado que se discuta de política y de las políticas, lo que tal vez no ocurría antes con esta intensidad. Pero hemos llegado a una situación en la que escuchamos permanentemente razones *a favor* y *en contra*, y no encontramos en cambio casi ningún argumento que no se inscriba en esta polarización del *a favor* y *en contra* en nuestra vida política. Por supuesto, aunque podamos escuchar los argumentos de ambos lados, suelen ser siempre los mismos actores los que presentan los *a favor* y los que presentan los *en contra*. Deberíamos ir más lejos en realidad y señalar que la exposición de los argumentos *a favor* y *en contra* de las decisiones o medidas del gobierno, no es un diálogo que comparta tiempo y espacio, sino, que, simplificando, más bien encontramos prensa *a favor* y prensa *en contra*, medios a favor y medios en contra. ¿No es necesario entonces pensar en el riesgo de la pura fragmentación y segmentación de los problemas y temas de interés –que los debates contradictorios pueden ciertamente ayudar a contrarrestar- pero al mismo tiempo en el riesgo de una polarización del espacio público?

---

[61] Ver Rosanvallon, Pierre: *La légitimité démocratique...Op. Cit.* Ver también sobre este concepto: Rosanvallon, Pierre: *La contre-démocratie. La politique à l'âge de la défiance*, Paris: Seuil, 2006. Hay edición en español: *La contra-democracia. La política en la era de la desconfianza*, Buenos Aires, Manantial, 2007.
[62] Ver Wolton, Dominique: *Éloge du grand public. Une théorie critique de la télévision.* Paris: Flammarion, 1990.

Esto último lleva a reflexionar también sobre la condición que imagina Bernard Manin para la organización de los debates por fuera de los períodos de campaña electoral, y que denomina el "principio de razón pertinente". Éste implica la separación de las cuestiones o de los temas que se tratan en los debates, con el propósito de evaluar las ventajas o los inconvenientes técnicos o morales, sin que aparezcan ligados o vinculados a otros temas. Pero es posible considerar que en el mismo sentido de la política, o incluso en la especificidad de lo político, cabría decir, está el hecho de la articulación de los problemas, de las demandas, de las subjetividades…Es factible esperar de un comité de expertos que traten separada y técnicamente todos los problemas, pero que, en el campo político, esta condición es quizá demasiado exigente porque contraría la propia lógica de la política[63].

Otra cuestión puntual, que concierne a los otros debates que Bernard Manin propone fomentar y que existen ya en algunos países: los debates presidenciales. ¿Cómo organizar debates *a favor* y *en contra* cuando nos encontramos frente a una fragmentación de la oferta política? Según las afirmaciones de Manin sobre el formato contemporáneo de la representación, cada líder intenta encontrar los principios de diferenciación o los clivajes frente al electorado, y justamente se hace cada vez más difícil plantear las cuestiones como a favor o en contra en un contexto semejante.

Volviendo a la definición de deliberación propuesta por Bernard Manin, puede notarse que tiene en común con los modelos de la discusión o la conversación (el de Jurgen Habermas, o el de Jon Elster[64], por ejemplo), el hecho de que la comunicación está compuesta de argumentos, de proposiciones que apuntan a convencer a los oyentes. Los modelos de la deliberación llamados últimamente "retóricos"[65], oponen a la idea de la pura argumentación racional y desinteresada, la posibilidad de hacer intervenir emociones u otras formas del discurso o registros tales como los testimonios o el relato de las experiencias[66]. En paralelo con el crecimiento de

---

[63] Ernesto Laclau y Chantal Mouffe han elaborado una teoría convincente de la política como articulación (y antagonismo). Ver sobre todo: *Hegemonía y estrategia socialista. Hacia una radicalización de la democracia*, Madrid: Siglo XXI, 1987.

[64] Ver Elster, Jon, *Op. Cit.*

[65] Para una definición de los modelos conversacionales y retóricos de la deliberación, ver Urfalino, Philippe: *Cerrar la deliberación. Teoría de la decisión colectiva*, Buenos Aires: Prometeo, 2013.

[66] Ver especialmente Young, Iris Marion: *Inclusion and democracy*, New York, Oxford University Press, 2002. Ver también: Garsten, Bryan: *Saving Persuation. A defense of rethoric and judgement*,

estas teorías, en la vida política contemporánea, el testimonio se ha transformado en un modo de comunicación cada vez más importante en el
espacio público, tanto en los medios de comunicación como en internet,
o durante las campañas electorales organizadas por medio de las historias
de vida de hombres comunes, por medio de los testimonios de los candidatos mismos sobre su propia intimidad; el aumento contemporáneo
de la comunicación sobre la base del testimonio da cuenta de sociedades
en las que la expresión de sí de los individuos y el reconocimiento de
su singularidad se vuelven centrales. Desde el punto de vista político,
este fenómeno de la importancia creciente del testimonio nos habla de
una transformación de la legitimidad democrática, tendiente a poner de
relieve una identificación intimista y singularisante entre los líderes y los
ciudadanos comunes, que he denominado en otro lado "identificación
anti-carismática"[67] y que puede inscribirse en la llamada "legitimidad de
proximidad" abordada por Pierre Rosanvallon. ¿Cómo considerar este rol
creciente del testimonio en el espacio público? ¿Es posible hablar de deliberación cuando la comunicación se estructura mediante las necesidades
de expresión de sí y del relato y de la exigencia de tomar en cuenta experiencias y vivencias singulares?[68]

Este fenómeno contemporáneo de la exigencia de reconocimiento
de las experiencias singulares conduce a plantear también otra cuestión,
concerniente a la figura del "hombre común" en la deliberación. La figura del "hombre común", sin competencias específicas y sin compromisos
políticos, pero portador justamente de un "saber de la experiencia" (cuyo
extremo es el "saber de víctima") resulta cada vez más valorizada en nuestros días. Salvo que, en las experiencias contemporáneas que buscan hacer
intervenir a los "hombres comunes" o a los "ciudadanos comunes" en la
deliberación, se los somete a un proceso de expertización al cabo del cual
han dejado de ser "ciudadanos sin competencias". Hablo de los jurados de

---

Harvard University Press, 2006.

[67] Ver Annunziata, Rocío: "¿Hacia un nuevo modelo de lazo representativo? La representación
de proximidad en las campañas electorales de 2009 y 2011 en Argentina", en Cheresky, I. y Annunziata, R. (comps.): *Sin programa, sin promesa. Liderazgos y procesos electorales en Argentina*,
Buenos Aires: Prometeo, 2012.

[68] Ver un principio de respuesta a esta cuestión del propio Bernard Manin en la entrevista publi-
cada en la Revista *Politix*: «L'idée de démocratie délibérative dans la science politique contempo-
raine. Introduction, généalogie et éléments critiques. Entretien avec Bernard Manin», en *Politix.
Revue des Sciences Sociales du Politique*, N° 57, vol. 15, primer trimestre de 2002.

ciudadanos que había mencionado más arriba, por ejemplo. ¿Es posible pensar una deliberación de los ciudadanos comunes? ¿Cuáles serían, desde el punto de vista cognitivo, las herramientas que deberían tener quienes participan de la deliberación? ¿Debemos pensar la deliberación como perteneciendo al orden del *sensus communis* en Kant o del sentido común en Hannah Arendt? Si es el caso, es cierto que la deliberación es accesible a todos, sin necesidad de ningún conocimiento experto, pero a condición de arrancarse de la posición del hombre común del ámbito privado para ser capaz de una mentalidad ampliada. Es decir: ¿corresponde considerar que el "hombre común" puede deliberar tal como es o que pasa por una suerte de transformación en la deliberación? ¿Cómo concebir el vínculo entre el hombre común y la deliberación?[69]

Para terminar, me gustaría reflexionar sobre la relación entre participación y deliberación, o entre las formas de acción y expresión de los ciudadanos y la deliberación. Por un lado, constatamos, en los cinco continentes, la proliferación contemporánea de dispositivos puestos en marcha por las autoridades –habitualmente locales- que invitan a los ciudadanos a participar sobre los problemas que los afectan cotidianamente en sus barrios. Estos dispositivos funcionan en general por medio de reuniones de los ciudadanos con los funcionarios y se pretenden, al menos en el discurso, instancias de deliberación ciudadana. Pero en la práctica es posible observar que una de las formas de comunicación más importante en estos dispositivos es justamente el testimonio de las experiencias singulares de los ciudadanos, y que se produce además una lógica de negociación sobre los proyectos que se pueden o no ejecutar con la idea de satisfacer al mayor número de ciudadanos presentes, porque generalmente éstos acuden a las instancias participativas planteando reclamos. Se trata, por supuesto, de una participación centrada en la gestión del entorno inmediato. Por otro lado, tenemos formas contemporáneas de expresión de los ciudadanos, como las que Bernard Manin denomina en el postfasio a su libro *Los principios del gobierno representativo*, "participación no institucionalizada", y que caracteriza como episódicas, centradas en cuestiones específicas –cada una de ellas implicando públicos y activistas diferentes- y, finalmente, como

---

[69] Sobre la concepción contemporánea del "hombre común" he realizado algunas reflexiones adicionales que pueden consultarse en Annunziata, Rocío: "La figura del 'hombre común' en el marco de la legitimidad de proximidad: ¿un nuevo sujeto político?", en *Astrolabio. Nueva Época*, n° 10, mayo 2013.

utilizadas por los ciudadanos para ejercer directamente presión sobre los decisores. A esta serie de rasgos, habría que agregar un cuarto: el carácter negativo o de rechazo de las formas de participación no institucionalizada. Especialmente en las manifestaciones callejeras, en los que muchas veces se denomina "estallidos", los ciudadanos se movilizan para rechazar una decisión de los gobernantes, para rechazar una situación, o para rechazar a la "clase política" misma, pero lo que prima es la aglutinación de los diferentes actores y las diferentes motivaciones en torno a un rechazo, una confluencia en el rechazo. Esta forma de "participación" entre comillas está entonces fuertemente signada por la negatividad y es a la vez la que logra movilizar al mayor número de ciudadanos, mientras que los dispositivos participativos a nivel de barrio no reciben más que una muy débil cantidad de participantes. Mi pregunta para terminar sería entonces: ¿cómo concebir el vínculo contemporáneo entre deliberación y participación? ¿Es posible pensar una participación deliberativa o una deliberación participativa? ¿El modelo del debate contradictorio, al permitir una ampliación de los involucrados al gran púbico, podría ser considerado una forma de participación ciudadana más allá de la inmediatez y más allá de la negatividad?

SEGUNDA PARTE:
La mutación democrática en América Latina

I. Hacia un nuevo progresismo en América Latina[70]

Manuel Antonio Garretón

Progresismo y gobiernos de izquierda en América Latina

El debate europeo

Las respuestas al proyecto neoliberal provenientes de sectores de centro, socialdemócratas o de izquierda del espectro político del mundo occidental desarrollado han sido conocidas con el nombre de progresismo. Se trata, en esencia, de una corriente no homogénea que buscaba plantear alternativas al discurso del "pensamiento único", como se caracterizó la hegemonía cultural neoliberal y el acallamiento de toda crítica. Al finalizar la década del noventa, debilitados el pensamiento y las políticas más ortodoxas de la izquierda clásica tras la caída de los socialismos reales, y ante el fracaso de los ajustes y políticas neoliberales, resurgió en el debate social y político occidental la pregunta sobre las posibilidades de compatibilizar la profundización de las democracias con el desarrollo del mercado capitalista. Por supuesto que éste no es el debate que se instaló al finalizar la década de 2000 y al comenzar la nueva década, y luego de la crisis financiera de

---

[70] Texto organizado por Tomás Gold. Originalmente publicado en Garretón, Manuel Antonio: *Neoliberalismo corregido y progresismo limitado: los gobiernos de la Concertación en Chile 1990-2010*, Santiago de Chile: Arcis-Clacso, 2012.

2008 (y en medio de la de 2011), cuando ya los gobiernos progresistas en Europa habían o estaban cerrando su ciclo.

Uno de los rasgos importantes de la renovación progresista es el abandono de la actitud psicológica de nostalgia respecto del pasado, la cual permitió el reconocimiento de ciertas falencias, atrasos y posibles alternativas de futuro. Sobre todo, la posibilidad de reconocer el cambio en el campo de las fuerzas conservadoras y avanzadas, producto de las transformaciones globales. Anthony Giddens (2000), uno de los principales exponentes de la "Tercera Vía", señala que esta propuesta supone los esfuerzos de la socialdemocracia de todo el mundo para repensar sus políticas luego de la caída del Muro. En este sentido se inscribe en la tradición del revisionismo socialdemócrata de Edward Bernstein y Karl Kautsky, aunque a pesar de algunas coincidencias su propuesta se distancie de ellos en ciertos puntos fundamentales. El progresismo, noción que Giddens identifica con el modelo de la "Tercera Vía", fue y ha sido un proyecto de la centroizquierda para la modernización de la socialdemocracia. En tal sentido, se trataría de una respuesta para encarar las drásticas y aceleradas transformaciones en el seno de las sociedades contemporáneas, de las cuales la más importante es la globalización. Esta renovación, cuya máxima expresión es el "New Labour" de Tony Blair, tuvo como antecedentes teóricos los trabajos de Anthony Giddens y John Gray. El aporte de estos autores tuvo alta resonancia en la socialdemocracia europea, estableció vínculos con el Partido Demócrata estadounidense y se proyectó a algunas experiencias de países en desarrollo.

En Europa, el pensamiento progresista estuvo dirigido por dos objetivos principales: la recuperación electoral y la formulación de soluciones a la crisis del keynesianismo. Ante el fundamentalismo del libre mercado, el progresismo se desarrolló principalmente como respuesta al neoliberalismo: desde allí se colocó al Estado activo como condición indispensable tanto para el desarrollo económico exitoso como para la justicia social. Según Giddens, el marco que ordena las políticas de este pensamiento puede sintetizarse en "la reforma radical del gobierno y del Estado para aumentar su eficacia, transparencia y sensibilidad respecto de una sociedad que tiene como fuerza central la opción del consumidor, asumiendo más un rol de facilitador que proveedor directo" (2000: 11). Asimismo, el Estado debe poner mayor énfasis en la disciplina fiscal y en mejorar las condiciones de competitividad económica. El desarrollo económico y la justicia social se plantean de la mano con la promoción de altas tasas de empleo y se basan, a fin de cuentas, en la noción de responsabilidad, esto es, en un nuevo contrato entre el Estado y la sociedad civil que implica tanto derechos como responsabilidades.

El pensamiento de la "Tercera Vía" se desarrolló, entonces, como una crítica progresista a la derecha neoliberal, y en función de esta oposición definió su identidad. Sin embargo, no logró formular un proyecto ideológico propio que le permitiera una mayor diferenciación respecto de un pensamiento derechista renovado. La reflexión de Giddens quedó sin contenido.

Desde una mirada fuertemente socialdemócrata, el pensamiento progresista se instaló en otra posición igualmente crítica, primero frente a la propuesta mercantilizadora del neoliberalismo, y luego frente a la "Tercera Vía", calificada por estos pensadores como "psicologizante". Este segundo modelo implicó una apuesta por el desarrollo de la solidaridad, que implica para toda la sociedad más igualdad y derechos sociales, dándole un estatuto sólido a la ciudadanía. Su preocupación fundamental está centrada en las transformaciones laborales y la pérdida de identidad en el trabajo, a partir de la crisis del trabajo asalariado y las consecuencias de la flexibilidad laboral sobre las subjetividades y los espacios de exclusión social. Desde el punto de vista social y político, la cuestión de fondo es cómo abordar el problema teórico y estratégico de la neutralización de las desigualdades que son incompatibles con la democracia. Dentro de este ámbito teórico-ideológico pueden mencionarse los trabajos de Pierre Rosanvallon (2011), François Dubet (2010) y Amartya Sen (2010), entre otros.

Como respuesta a los profundos cambios en la estructura social y en el marco de la elaboración del pensamiento progresista ya en el siglo XXI, se ha ido erigiendo un corpus teórico que permitiría pensar en un proyecto progresista nuevo. Así, para algunos politólogos como Steven Lukes, lo que siempre ha caracterizado a la izquierda es su convicción sobre la importancia de buscar coherencia y comprensión del mundo para actuar sobre él (Férnandez de la Vega, 2006). Hoy, las dificultades para mantener ese planteamiento radican en una real carencia de la identificación de un principio rectificador de las injusticias; y, por el contrario, asistimos a una mayor tolerancia de la injusticia, unida a la idea de que el Estado-nación es incapaz de movilizar una transformación desde arriba, así como de legitimar un discurso universalista que seduzca a los distintos sectores sociales y políticos. En Europa, la agenda temática del progresismo parece estar clara, pero no así los medios para llevarla a cabo. La multiplicidad de temas que se abordan (los mercados financieros, los problemas inmigratorios, los grupos minoritarios, las nuevas fuentes de marginación creadas por la brecha digital, la pobreza, la protección de la diversidad cultural) son problemáticas que van poblando la nueva agenda progresista.

En lo sustantivo, este nuevo pensamiento sostiene la necesidad de instituir un vigoroso sector público ligado a una floreciente economía de mercado. En otras palabras: por un lado, construir un tipo de sociedad pluralista e inclusiva, una sociedad cosmopolita amparada en el derecho internacional, y por otro, edificar una economía que funcione libremente pero con la presencia de un Estado que establezca una renovada atención a lo público. En tal sentido, se torna central la idea del Estado asegurador: un aparato político cuya función básica estriba en asumir la responsabilidad por la provisión de políticas y por la coordinación de servicios, que en muchos casos no organiza directamente sino que provee de la mano de la sociedad civil.

Con el término de las experiencias de gobiernos de izquierda en Europa y las crisis financieras del 2008 y 2011 (Krugman, 2008; Touraine, 2010), se produce un lento y no cristalizado proceso de redefinición del progresismo donde lo que emerge como cuestión central en el horizonte ya no es solo la reforma del capitalismo sino la dimensión "utopística"[71] de su superación y el cuestionamiento de los actores políticos, como lo han expresado las movilizaciones de los indignados en todo el mundo (Hessel, 2010). Pero todos estos son temas que escapan al alcance de este trabajo, y su evolución excede también las pretensiones del mismo.

Los gobiernos de izquierda latinoamericanos

En América Latina, el debate sobre el progresismo –no exento de polémicas- se plantea en torno a los resultados del balance del modelo económico neoliberal tras dos décadas de reformas estructurales, y tiene lugar en sectores de izquierda renovados que asimilaron, al menos en el discurso, la propuesta europea de la socialdemocracia o la "Tercera Vía". Es el caso de un sector de la coalición de centroizquierda chilena denominada la Concertación, pero en general de un amplio sector que -fiel a los

---

[71] Concepto acuñado por Wallerstein (1998), opuesto a "utópico" o "utopista".

postulados ideológicos más tradicionales de la izquierda- ve posibilitado su campo de acción política a partir de la presencia de gobiernos como el de Lula da Silva en Brasil y Tabaré Vázquez en Uruguay. Las experiencias de Hugo Chávez en Venezuela, Evo Morales en Bolivia y Rafael Correa en Ecuador, corresponden a patrones más estrictamente izquierdistas, en tanto las de Néstor Kirchner y Cristina Fernández se ubicarían en una situación intermedia.

Los análisis que se realizan desde las Ciencias Sociales sobre el fenómeno del progresismo y las nuevas izquierdas latinoamericanas[72] parten de un diagnóstico de origen crítico del modelo económico neoliberal. Por ende, señalan que las economías latinoamericanas siguen siendo dependientes y propensas a la crisis, y sobre todo incapaces de crear las condiciones necesarias para reducir la pobreza y las extremas disparidades socioeconómicas. Esto trae consigo el desencanto generalizado con la democracia, la disminución de la participación política y la expresión de conflictos sociales protagonizados por actores que se marginan de los espacios sociales formales para la manifestación de sus demandas.

Estaríamos, en consecuencia, frente a una crisis del paradigma post-ajuste neoliberal, cuyas causas obedecerían según Vilas (2005) a tres factores principales. En principio, el impacto socialmente nocivo que dejaron las experiencias de "ajuste estructural". En segundo lugar, la reducción neoliberal de la política al aspecto formal-institucional de la participación ciudadana, limitando severamente cualquier demanda de participación. Finalmente, el desarrollo "desde abajo" de nuevas dimensiones de la ciudadanía y los reclamos sociales (reivindicaciones étnicas, de género, ambientalistas, de derechos humanos, de autonomía regional, etc.).

En este sentido, es posible percibir la emergencia de un nuevo ciclo de cambio político con sentido de progreso social en varios países de la región, basado en la tensión entre la democracia restringida y el surgimiento de aspiraciones sociales populares. Para algunos, como Vilas, su vanguardia sería una "izquierda gradualista y pragmática, sin definiciones ideológicas duras" (2005: 91) que, más que proponer un enfrentamiento en bloque contra el neoliberalismo, formula la idea de un Estado regu-

---

[72] Entre los numerosos análisis sobre las experiencias de izquierda, postdemocratizaciones políticas, incluyendo las evaluaciones de algunos gobiernos, ver: Revista *Nueva Sociedad* (2006, 2008); Cameron y Herschberg (2010); Panizza (2009); Arnson y otros (2009); Weyland y otros (2010); Sader (2009); Mangabeira (2010); Moreira, Raús y Gómez (2008); Revista *Umbrales* (2011).

lador y fiscalizador del mercado. Es decir, un Estado que regule la ampliación de la competitividad y rentabilidad mercantil, al mismo tiempo que contrapese dicha ampliación con las aspiraciones de bienestar social, la vigencia de las instituciones democráticas y los derechos humanos. Desde esta perspectiva, se afirma que estamos en presencia de una nueva izquierda, la cual se movilizaría más por ampliar la democracia y generar reformas al modelo que por el cambio sistémico o la revolución. Por esta razón, Jorge Lanzaro propone que estas expresiones políticas marcan una "inflexión en el ciclo de fortuna del neoliberalismo y se delinea una estructura de oportunidad [...] para las alternativas progresistas, de izquierda o de centro-izquierda" (2007: 14).

Para Carlos Vilas, esta nueva izquierda progresista no plantea al socialismo como forma, utópica o realista, de organización del conjunto social. Adhiere, en cambio, a un tipo de capitalismo más equilibrado y regulado, pero que mantiene intactas muchas de las recomendaciones macroeconómicas en clave neoliberal. En este sentido, da pie a un marco más mesurado de iniciativas de cambio: "democracia y reformas han ocupado el espacio que hasta hace no mucho pertenecía al cambio sistémico o la revolución social" (Vilas, 2005: 88). Las propuestas de reforma de la izquierda se orientarían hacia el fortalecimiento de la eficacia política de la democracia representativa, como medio para concretizar las aspiraciones populares.

En este contexto, la postura progresista se reconocería como una mirada crítica del presente, marcando una continuidad con las izquierdas de antaño, pero carente de una intención de cambio sistémico: lo que se busca es mayor equidad y una mejor y justa inserción en los escenarios de la globalización. Vilas incluye en este espectro al PT (Partido dos Trabalhadores) brasileño, al PRD (Partido de la Revolución Democrática) mexicano, al Frente Amplio de Uruguay y a la Concertación chilena. Estos partidos y alianzas albergan en su interior diversas tendencias y modos de llevar a cabo las políticas sociales y económicas, pero su principal debilidad radica, a juicio del autor, en su subordinación a las exigencias de la aritmética electoral, que las lleva a conformar alianzas con otras fuerzas políticas en base a coincidencias nimias o simplemente coyunturales.

Ahora bien, ¿qué es lo que une y separa a gobiernos en los que es posible notar un fuerte resurgimiento de experiencias nacional-populares, como la de Tabaré Vazquez en Uruguay o la de Hugo Chávez en Venezuela? Teodoro Petkoff (2005) reconoce que estos gobiernos representan la salida que muchos de los partidos de la izquierda latinoamericana encontraron después del fin de la Guerra Fría: la modernización de sus doctrinas, el distanciamiento del socialismo real y la búsqueda de profundización de la equidad social y la democracia. Pero, ¿qué separaría a estas dos izquierdas? A juicio de Petkoff, el PT brasileño, el socialismo chileno, el Frente Amplio uruguayo y el peronismo, vienen de una larga lucha contra fuertes dictaduras militares y de otros sucesos que han generado su distancia respecto de las viejas utopías de izquierda, y les han permitido internalizar los valores democráticos como componente primordial del cambio social. Y, ¿qué las uniría? Habría un factor de cohesión entre estos dos tipos de izquierda: la política exterior norteamericana, en general, y hacia América Latina y el Caribe, en particular. En efecto, todas las izquierdas tienen la tarea de dejar en claro sus relaciones con Estados Unidos. Chávez y Castro mantienen una postura en términos de la Guerra Fría de antaño, mientras que para la nueva izquierda el asunto resulta más complejo y se puede resumir en la ecuación "tensiones probables, pero convivencia inevitable" (Petkoff, 2005: 128).

Vilas, por su parte, hace una comparación entre estas nuevas modalidades de izquierda y los discursos políticos y regímenes nacional-populares del siglo XX (2005). Según el autor, en efecto, ambas son el resultado de amplias convergencias político-sociales, y articulan la movilización popular y el recurso periódico a los procedimientos electorales en nombre de intereses nacionales antes que sectoriales. Las nuevas izquierdas revalorizan al Estado en tanto principio organizador de la pluralidad social y ordenador de la articulación externa, pero también como ente regulador de aquello a lo cual el mercado no puede dar respuesta o es incompetente. "Este cambio de perspectiva no implica un viraje hacia el nacionalismo económico o la estatización de las empresas privatizadas como parte del esquema neoliberal; tampoco hacia el control generalizado de precios, la intervención del mercado de trabajo o la promoción política de la sustitución de importaciones [...]" (Vilas, *op.cit.*), pilar del populismo clásico de los regímenes nacional-populares. Donde antes la solución era el keynesianismo, hoy se presenta bajo la forma del revisionismo crítico del Consenso de Washington cristalizado, por ejemplo, en el "Consenso de Buenos Aires"[73]. En este

---

[73] El llamado "Consenso de Buenos Aires" fue uno de los resultados de la reunión del Consejo de la Internacional Socialista que tuvo lugar en la Ciudad de Buenos Aires el 25 y 26 de junio de 1999. En él se afirmó que "el desafío es nada menos que vincular los avances materiales con el progreso social en un nuevo consenso que asegura que las consideraciones políticas van a prevalecer sobre

marco, se promueve una estricta disciplina fiscal, con el objetivo de mejorar las apariencias ante el sistema financiero internacional.

Además, según Vilas, estas izquierdas tienen una visión más plural y diferenciada de lo popular y de la nación respecto de los típicos actores de antaño como eran la clase y el mundo del trabajo, o de la política como lugar de resolución de conflictos, y del líder o el Estado como actor económico y social relevante. En una lectura similar, Jorge Lanzaro muestra que los exponentes de la nueva izquierda se postulan como alternativa al neoliberalismo. Frente a este modelo económico y social marca una inflexión significativa, pero no necesariamente adhieren a las inconductas que se atribuyen a la mentada "macroeconomía del populismo" (Dornbusch y Edwards, 1991; citado en Lanzaro, 2007: 20). Dentro de dicha categoría es posible encontrar algunas recreaciones del nacionalismo popular, que se componen en base a partidos tradicionales de este género y dan lugar a gobiernos que a su vez difieren entre sí. Ejemplos de ello son, en la Argentina, Néstor Kirchner y el giro que este imprimió al peronismo; y más recientemente, en Perú, el reciclaje de Alan García y el APRA. También podría ubicarse aquí al gobierno de Martín Torrijos en Panamá, con base en el PRD (Partido Revolucionario Democrático), que acredita el legado nacionalista del torrijismo y viene a reformularlo. Junto a estos se reconocen los "populismo de nueva cepa" de los últimos años. Hugo Chávez en Venezuela es un ejemplo pionero y paradigmático de ellos. Del mismo modo, también pertenecería a esta categoría Evo Morales, que recupera con rasgos propios una tradición nacionalista y popular que a lo largo de la historia de Bolivia ha pasado por repetidos ensayos y caídas, en una serie en la que resaltan los lances de la Revolución de 1952.

De manera simultánea se presenta una "socialdemocracia criolla" (Lanzaro, 2007: 33) que representa un estreno absoluto en la región. En esta condición entran los casos de Brasil, Chile y Uruguay. Para el autor, a diferencia de lo que ocurre con los "populismos", los gobiernos de este género surgen en países con sistemas de partidos que han sido

---

las puramente económicas. Si bien la Internacional aprueba la economía de mercado, rechaza una sociedad de mercado". Al mismo tiempo que se puso de relieve la inversión en educación, la reforma de la atención sanitaria, la modernización del aparato estatal y otros temas relevantes, se establecieron recomendaciones para la regulación de las instituciones financieras internacionales, con el objetivo de proteger la estabilidad de las economías nacionales. Para mayores detalles véase: http://www.socialistinternational.org/viewArticle.cfm?ArticleID=363

tradicionalmente fuertes (Chile y Uruguay) o han ganado en consistencia en las últimas décadas (Brasil). Es decir, son gobiernos formados por una izquierda "institucionalizada" en dos sentidos: presentan cierto grado de institucionalización partidario y portan una herencia de participación activa en las transiciones, así como un aprendizaje fruto de las críticas previas a la instalación de las dictaduras.

Otra distinción interesante es la de Wilfredo Lozano (2005), que distingue entre las propuestas "progresistas" y otras de corte más "fundamentalista", como el FMLN (Frente Farabundo Martí para la Liberación Nacional) de El Salvador, y los Zapatistas en México. Estas mantienen una perspectiva de choque frontal, aceptan a la democracia como marco de convivencia política y en calidad de medio para ganar espacios de masas, y rechazan la globalización por entenderla como una renovación contemporánea del imperialismo. Una tercera categoría en este esquema es la de las izquierdas populistas, como la de Hugo Chávez en Venezuela, Lucio Gutiérrez en Ecuador y la de Evo Morales en Bolivia. Éstas aceptan los riesgos de la globalización y asumen a la democracia, pero no se comprometen demasiado con sus implicaciones institucionales, tales como los espacios de libertad para la crítica pública, el fortalecimiento del Estado de Derecho o la defensa del pluralismo. Por último, las izquierdas reformadoras apuestan por la democracia, en un marco acorde al ideario socialdemócrata más clásico. Deciden aceptar los riesgos de la globalización y el programa de reformas neoliberales, al tiempo que reconocen sus limitaciones en el campo social y avanzan tímidamente hacia un programa que afronte los problemas de la pobreza y la exclusión, así como también evitan el choque frontal con la derecha conservadora. Tal sería el caso chileno de la Concertación y el PT en Brasil. También puede incluirse en esta categoría al gobierno de Kirchner en la Argentina, las experiencias de Tabaré Vazquez en Uruguay y de Martín Torrijos en Panamá.

El rasgo común de todas estas lecturas que transitan por los círculos académicos y políticos latinoamericanos es que distinguen fundamentalmente dos izquierdas. Una más pragmática que estaría representada por los gobiernos en Chile, Brasil y Uruguay, y otra más radical encarnada en las experiencias de Venezuela, Bolivia y, desde la oposición, en México. Pero a nuestro juicio, y de acuerdo a autores como Franklin Ramírez (2006), este esquema no estaría dando cuenta de un tema más profundo: que la izquierda latinoamericana asume una forma específica en cada país a partir de las herencias institucionales del neoliberalismo, el lugar de los movimientos sociales y de sus trayectorias históricas y los partidos progresistas. En tal sentido, se concluye que habría "más de dos izquierdas, aunque todas tienen en común la voluntad de recuperar el rol del Estado y mejorar la situación social en un contexto de superación de la agenda neoliberal". Se trataría, en definitiva, de un nuevo ciclo de ascenso de las tendencias de izquierda, con una alta heterogeneidad en las trayectorias, en la composición organizativa y en las agendas programáticas, y que de cierta manera se ve condicionado por la profundidad y el rendimiento de las políticas económicas del modelo neoliberal, la legitimidad de los actores políticos que las promovieron, y el espacio de los sectores de izquierda en su lucha contra el avance del mencionado modelo (Ramírez, 2006: 30-31).

Como queda claro, lo esencial de estas corrientes es su rechazo de los resultados, en los aspectos sociales, del Consenso de Washington. Comparten la preocupación por la pobreza y la exclusión social, pero en los sectores más radicales se da un énfasis igualitarista. Además, mientras estos asumen la democracia más como una forma de organización igualitaria que como un conjunto de mecanismos institucionales, la vertiente reformadora pone énfasis en estos, aunque ambas preocupaciones, con énfasis distintos, están en todos los casos. Se destaca, asimismo, el logro que implica el reconocimiento de la complejidad de los escenarios en que deben ser aplicadas las grandes ideas generales. En este sentido, para Lozano (2005) es importante generar lazos regionales reales y/o acuerdos subregionales, definiendo consensos políticos comunes frente a los poderes económicos hegemónicos. La tarea debería ser concluir el proceso de democratización latinoamericano tomando en cuenta también que es indispensable la lucha contra la corrupción, la efectividad de la justicia, la seguridad ciudadana y la transparencia, y manteniendo un enfoque de tolerancia democrática y pluralismo, como condiciones de su presencia histórica y eficacia política.

A nuestro juicio, las interpretaciones de "dos izquierdas", en las que una es la correcta y la otra no, variando la calificación positiva según el sesgo ideológico de quien hace la distinción, no parecen dar cuenta del fenómeno de fondo. Este consiste en la existencia de una nueva problemática histórico-estructural en las sociedades latinoamericanas una vez terminados los regímenes militares, establecidos regímenes post-autoritarios, fracasadas las reformas neoliberales y consolidados procesos de globalización. Dicha problemática de reconstrucción de las relaciones entre Estado y sociedad es, sin duda, más afín a posicionamientos de izquierda que de centro-derecha. Y las variaciones que se pueden observar en las izquierdas están relacionadas con el modo como la enfrentan en cada una de sus sociedades. A esto nos referiremos en el próximo apartado.

Hacia una redefinición de la problemática progresista

La problemática sociohistórica

El objetivo de este apartado es presentar una hipótesis sobre la problemática actual de América Latina en la que se inserta, a nuestro juicio, el debate de la izquierda y el progresismo que hemos examinado anteriormente. Definimos esta problemática como la recomposición de una nueva matriz de relaciones entre Estado y sociedad, o de una nueva matriz sociopolítica que aún no ha cristalizado[74].

Comencemos, entonces, aclarando el concepto o la idea misma de una "problemática sociohistórica". Ésta supone encontrar una unidad problemática, es decir, un cierto eje en torno al cual otros ejes se pueden ordenar; supone un elemento estructural que va más allá de un momento o coyuntura, o una crisis, lo que algunos han llamado la mediana o larga duración. En este sentido, hoy día las sociedades latinoamericanas de definen menos en términos de crisis, es decir, estamos menos en presencia de grandes crisis coyunturales o de corto plazo, que de profunda transformación en la problemática sociohistórica de nuestros países. Afirmamos, entonces, la posibilidad de pensar en una problemática sociohistórica para cada país, pero que entronca con una política común latinoamericana. Cuando hablamos de problemática sociohistórica, lo que tenemos en mente es, por ejemplo en las últimas décadas, la problemática de la democracia contra las dictaduras, o la reinserción en el mundo globalizado en que el papel del Estado es puesto a prueba por las fuerzas transnacionales del mercado. La cuestión así planteada es si existe o no una problemática latinoamericana actual y cómo podríamos definirla y analizarla.

---

[74] Este capítulo retoma ideas elaboradas en: Garretón (2006, 2007). El concepto de matriz sociopolítica ha sido desarrollada, entre otros trabajos, en: Cavarozzi y otros (2004).

El fin de una época

La primera cuestión a señalar es el estallido y la ruptura de la matriz estatal-nacional-popular, que primó en algunos países latinoamericanos más desarrollados entre las décadas del treinta y del sesenta –por establecer fechas, lo que es siempre arriesgado- (Cavarozzi y otros, 2004). Las características fundamentales de esta matriz eran: una base socioeconómica sustentada en el modelo de industrialización sustitutiva de importaciones con un papel dirigente del Estado, definido como "Estado de compromiso", en el que éste no solo actuaba como el agente principal de desarrollo sino también como el referente principal de la acción colectiva de masas que se incorporaban a la vida nacional; en materia política, lo que algunos han llamado una formula híbrida, a veces autoritaria y a veces formalmente democrática, con ciclos de ambas tendencias. Esto fue lo que Germani (1965) llamó lo "nacional-popular", que tuvo expresiones más populistas o más partidarias -dependiendo de cada uno de los países- y que estalla en las décadas del sesenta y setenta con la radicalización revolucionaria y las respuestas autoritarias tanto nacionales como de los Estados Unidos, llegando a su colapso precisamente con el triunfo de la alternativa autoritaria.

En dicha matriz sociopolítica jugaba un rol determinante la política como vía de acceso a los bienes y servicios de la sociedad moderna. Además, como principal fuente de sentido de la acción colectiva, ella lo hacía menos en nombre de identidades, como podría ocurrir hoy, y más en nombre de las ideologías que buscaban no solo representar sino movilizar a través de la lucha y del conflicto. De algún modo, la política era el cemento cultural de la sociedad.

Hay diversos fenómenos que contribuyen al estallido de esta matriz, aunque subsistan algunos de sus elementos de manera desarticulada con otros nuevos. Lo que ocurre es una desvertebración de la sociedad que tiene que ver, evidentemente, con los procesos de mundialización y con el paso desde un modelo socioeconómico de desarrollo centrado en la industrialización y en el papel dirigente del Estado, a un modelo que va a enfatizar la inserción en los mercados mundiales, la dimensión financiera y el papel central de los mercados transnacionalizados, conjuntamente con una ideología extrema que hemos definido bajo el nombre de "neoliberalismo".

Este cambio en el modelo hacia el neoliberalismo estuvo acompañado por una transformación cultural -a la que nos hemos referido ya en otras partes y sobre la que no volveremos (Garretón, 2000a, 2000b)- que tiene una dimensión sociopolítica importante. Para plantearlo en términos relativamente rápidos y simples, podría decirse que en las décadas del ´60 y el ´70 el mundo se podía transformar, y se transformaba, a través de la política. Pero en las últimas décadas, la idea fundamental que va haciéndose dominante es que el mundo no puede cambiarse, y si se pudiera hacerlo, ello no ocurriría a través de la política. Esto tiene relación, por un lado, con la desaparición del actor emblemático referencial de la matriz nacional-popular: el pueblo, la clase trabajadora, la clase obrera y sus expresiones político-partidarias. Por otro lado, conjuntamente con este primer proceso, también se borra la idea de la existencia de un movimiento social central, un movimiento que defina un conflicto básico o central y postule un cambio a partir de un proyecto de sociedad, y cuya expresión se encuentre en actores ubicados en la estructura social.

En el contexto de la mundialización, lo que se debilitó fueron las ideas de *polis*, de sociedad, de Estado-Nación, de país y de comunidad sociohistórica con un proyecto determinado. Existe la paradoja, por lo tanto, de una expansión y fortalecimiento de la ciudadanía, pero con un debilitamiento simultáneo de la *polis*. Ello se expresa tanto en la pérdida relativa de funciones del Estado, como en el debilitamiento de las grandes categorías sociales, como en el campo del desarrollo con la sustitución del concepto de "igualdad" por el de "equidad", como en el campo de los movimientos sociales –especialmente identitarios- que muchas veces portan demandas que no asumen necesariamente a la *polis* como el lugar de todos. Causa y efecto de lo anterior es el fenómeno que se ha llamado de descentramiento o vaciamiento de la política. La cuestión principal no es el desprestigio de la política, sino su cambio de sentido en la sociedad.

Todo lo anterior nos permite intentar definir la problemática sociohistórica latinoamericana hoy día. Detrás de temas omnipresentes a lo largo de los últimos treinta o cuarenta años, aparece una situación relativamente nueva, que no tiene quizás una expresión coyuntural igual en los distintos países, pero de todas maneras es válido reformularla para todos ellos.

¿Refundación de las relaciones entre Estado y sociedad?

Hoy en día, los grandes temas planteados tienen que ver con lo que la CEPAL ha llamado la cuestión de la cohesión social y la igualdad (CEPAL, 2007, 2010). Lo que está detrás de ello es la recomposición del lazo entre los ciudadanos y los miembros de la *polis*. Pero asegurar la cohesión de una sociedad supone reconstruir las relaciones entre Estado y sociedad que fueron desarticuladas por las dictaduras militares, los procesos neoliberales y los procesos de globalización. Más allá de los casos emblemáticos (como puede ser el de Bolivia), en cada uno de nuestros países se trata de la reestructuración de la relación entre Estado y regiones y provincias; de la elaboración de nuevas Constituciones; de relaciones interétnicas, de nuevos sistemas productivos para enfrentar la globalización; de superar la pobreza que afecta a la mitad de la población; de la demanda por una democracia participativa y deliberativa; por nombrar algunos ejemplos significativos. Esta problemática central tiene, al menos, tres niveles de realización: local, nacional-estatal y supranacional, referido éste último a la integración de un bloque a escala regional latinoamericana de acceso al mundo globalizado. A su vez, en materia de contenido, esta recomposición supone al menos tres grandes dimensiones que describiremos a continuación.

En primer lugar, un "núcleo ético", sin el cual no hay cohesión social ni sentido de pertenencia a la comunidad. Este consenso ético fundante, no sujeto al juego de mayorías y minorías, es distinto según los países, aunque en el caso latinoamericano haya temas que parecen encontrarse presentes en todos los casos: los temas de derechos humanos, la valoración de los pueblos originarios, más actualmente la valoración de la democracia, la búsqueda de la igualdad con la solidaridad, etc. Muchas veces las constituciones consagran en sus partes declarativas estos principios y buscan también generar instituciones que los respeten y promuevan; de ahí una corriente que defina este núcleo ético como "patriotismo constitucional" (Habermas, 1989). A nuestro juicio, este fue un elemento deficitario en nuestra historia como países, quizás porque hubo imposiciones de las élites, divisiones y exclusiones muy profundas. Hoy la vigencia de la democracia, por débil que ella sea, permite desarrollar procesos de construcción y generalización en toda la sociedad de un núcleo ético básico compartido.

En segundo lugar, las bases estructurales e institucionales de una comunidad socioeconómica, de modo que no existan "varios países" al interior de uno. Éste es el tema de la igualdad, que va mucho más allá de las visiones que reducen el tema de la igualdad en las sociedades a la igualdad de oportunidades o la equidad, y equivale a la "igualdad de posiciones" (Dubet, 2010). En efecto, la equidad supone una base individual y un piso; la igualdad o justicia social supone un piso y un techo, y, por lo tanto, el concepto de igualdad exige redistribución de poder y riqueza, exige intervención por parte de un ente distribuidor que es el Estado. La ausencia de igualdad destruye la vida de las sociedades, transforma una sociedad en varios mundos yuxtapuestos que no se reconocen como parte de un espacio o proyecto común (Garretón, 2000). En este sentido, además de la redefinición del modelo productivo y la elaboración de fórmulas de redistribución estructural, cabe mencionar la cuestión de los derechos ciudadanos que hoy se reclaman y que el Estado no está en condiciones de garantizar debido a que los servicios que los proveen han sido desplazados al sector privado.

En tercer lugar, una forma de organización política democrática decidida por la ciudadanía a través de sus Constituciones, que implica capacidad de control de ese Estado interventor. Más allá de las reformas políticas que hagan la democracia representativa más transparente y *accountable*, si bien se han dado experiencias de democracia participativa, estas aún están lejos de cristalizar fórmulas institucionales que, sin lesionar los principios de representación y pluralismo, aseguren efectiva presencia popular en la toma de las grandes decisiones estatales.

El giro a la izquierda

Es posible ahora retomar el tema del progresismo y las izquierda en América Latina bajo este prisma de una nueva problemática sociohistórica central como el que hemos bosquejado, aunque el giro a los gobiernos de izquierda en la última década no solo no puede ser definitivo en el marco democrático porque los electores pueden cambiar sus preferencias según como juzguen sus *performances*, sino porque en países importantes como México o Colombia, y últimamente Chile, es la derecha la que gana los gobiernos nacionales.

Si es cierta la hipótesis de este capítulo, podríamos decir que estamos frente a una problemática sociohistórica no conservadora, más afín con las tradiciones, los actores, las sensibilidades de la izquierda. Pero digamos que aún es incierto cuánto de modelo económico alternativo tiene hacia el futuro esto que algunos han llamado la "democracia criolla" (Lanzaro, 2008). Y tampoco hay que despreciar la potencialidad electoral, en momentos de crisis o de relativa debilidad de la propuesta de estos gobiernos de izquierda o centro-izquierda, de un proyecto de derecha a esta problemática. Por ejemplo, la propuesta de Uribe en Colombia de asegurar el Estado nacional a sangre y fuego, debilitando sin duda los mecanismos democráticos, respondió a esta necesidad y por ello el electorado no gira a la izquierda. Y, en otros casos, también hay una propuesta de la derecha que calza con uno de los modelos de recomposición de las relaciones Estado-sociedad, que consiste principalmente en la suplantación de la política por la eficiencia tecnocrática de las políticas públicas orientadas a resolver problemas de demandas sectoriales. Ello puede llevar a triunfos coyunturales de la opción de derecha, como ha ocurrido recientemente en Chile.

Lo más probable, entonces, es que se vayan conformando dos grandes bloques, más allá de las formulas partidarias que adquiera cada uno de ellos en los diferentes contextos nacionales, con dos propuestas contrarias frente a la problemática esbozada: el de la derecha con un proyecto de corte tecnocrático-liberal y despolitizador, y el de centro-izquierda o de izquierda, expresado en las actuales fuerzas gobernantes de izquierda, ya sea de corte socialdemócrata, ya sea más radical y con movilización y participación de masas. El éxito de esta segunda propuesta está dado no solo por la respuesta a las demandas de una población cada vez más consciente de sus derechos, sino, sobre todo, por su capacidad de ofrecer un modelo alternativo al neoliberalismo y de asegurar y profundizar la democracia política refundando, en este marco, las relaciones Estado-sociedad.

Los modelos en juego

Podrá parecer extraño, pero si se establece una tipología de los modelos que operan en la década del 2000 para reconstruir las sociedades a partir de la pregunta "¿desde dónde se hace este proceso?", encontramos casos muy dispares en un mismo casillero (Garretón, 2007). En efecto, países como Venezuela, Chile, Uruguay y Argentina, responderían: desde la política. Ello con dos variantes: una se reconstruye a través de la política más populista o más personalista, con riesgo para la integridad de las instituciones, y la otra se reconstruye a través del sistema de partidos, con riesgo —al menos en el caso chileno- de debilitamiento de las relaciones con las organizaciones y movimientos sociales.

El otro modelo es la recomposición de la comunidad política desde la sociedad, también con dos variantes. Por un lado, la Bolivia de Evo Morales en donde la reconstrucción se hace a partir de un "nosotros" comunitario configurado por un principio básico –aunque no exclusivamente- étnico, y donde el problema es la integración de sectores que no se identifican con ese "nosotros" pero sí con el país. Por otro lado, y sin que pueda encontrarse un caso nacional que se identifique con esta variante, la sociedad se reconstruye desde la sociedad civil, desde los movimientos y organizaciones sociales con rechazo y desconfianza de la política y el Estado; de ahí su debilidad para constituirse como proyecto viable, pese a su gran influencia a nivel internacional como una perspectiva ligada a los proyectos de los Foros Sociales.

Por último, también está en juego la reformulación que han hecho organismos internacionales postconsenso de Washington, mezclando lo que se llamó la "primera ola" de reformas económicas de tipo neoliberal, con elementos aportados por los conceptos de sociedad civil y ciudadanía, tomados de las mismas críticas a tales reformas. Aquí, la reconstrucción de los países se hace a partir de los mercados regulados por un Estado en que las políticas públicas, respondiendo a demandas sectoriales específicas y formuladas a partir del conocimiento experto, reemplazaban a la política. Se trata de lo que podríamos llamar el "modelo tecnocrático", propio de los partidos y gobiernos que constituyen una nueva derecha.

Dos observaciones complementarias. La primera es que estos modelos no existen en forma pura y que los diversos países combinan sus rasgos de manera distinta, enfatizando uno u otro. Hasta ahora el que parece haberlos combinado de la mejor manera es el Brasil de Lula. La segunda es reiterativa: lo que está en juego, a diferencia de lo que se nos dice frecuentemente, es la reconstrucción de comunidades políticas y, por lo tanto, el predominio de la política y de sus componentes culturales por sobre las fuerzas –que quieren imponerse como naturales y metasociales- de la economía y del mercado.

Redefiniendo el progresismo

El progresismo en América Latina se desarrolla desde el campo de las izquierdas principalmente, aunque con presencia en muchos casos del centro; por un lado, como un proceso de renovación del pensamiento de izquierda de las décadas del ´60 y ´70, y por otro como una respuesta a la ola mercantilizadora neoliberal de desintegración y autonomización de los mercados de la "gran transformación" (Polanyi, 1989; Dale, 2012). Finalmente, también como un proyecto de profundización de las democracias emergentes de las transiciones posautoritarias y de transformación en un nuevo orden socioeconómico.

Se trata, entonces, de una propuesta de reconstrucción de las relaciones Estado-sociedad, que correspondería al movimiento pendular de integración, inserción o coordinación de mercados en la sociedad. Ello implica, primero, un conjunto de reformas estructurales orientadas a revertir las transformaciones de la sociedad implementadas por las políticas neoliberales o el Consenso de Washington y a generar una mayor injerencia estatal, social y política de la sociedad en la economía. Segundo, la convocatoria y búsqueda de representación de masas y sectores populares diversificados. Y tercero, la profundización de las instituciones democráticas y la expansión de sujetos individuales y colectivos. Esto involucra tres dimensiones fundamentales: la socioeconómica, orientada hacia la igualdad y la activación de actores y movimientos sociales; la política, orientada a su revalorización y al fortalecimiento de una comunidad democrática de ciudadanos; y la cultural, que enfatiza la diversidad, las libertades y la creatividad.

Es solo a partir de esta hipótesis básica y esta definición que es posible realizar una evaluación de los gobiernos de la Concertación en Chile respecto del modelo neoliberal y del horizonte progresista.

Referencias bibliográficas

Arnson, C. y otros (comps.) (2009): *La nueva izquierda en América Latina: derechos humanos, participación política y sociedad civil*. Washington DC: Woodrow Wilson International Center for Scholars.

Cameron, M. y Herschberg, E. (2010): *Latin America's left turn. Politics, policies and trajectories of change*. Boulder: Lynne Rienner Publishers.

Cavarozzi, M. y otros (2004): *América Latina en el Siglo XXI. Hacia una nueva matriz socio-política*. Santiago: Ediciones LOM.

Comisión Económica para América Latina y el Caribe (2007): "Descomposición del coeficiente de Gini por fuente de ingreso: Evidencia empírica para América Latina 1999-2005". [En línea] Disponible en: http://www.eclac.org/deype/publicaciones/xml/1/33931/LCL2911e.pdf.

_______ (2010): *La hora de la igualdad. Brechas por cerrar, caminos por abrir*. Santiago: CEPAL.

Dale, G. (2012): "Double movements and pendular forces. Polanyian perspectives on the neoliberal age", en *Current Sociology*, Vol. 60, Nº 1, International Sociological Association.

Dubet, F. (2010): *Repensar la justicia social. Contra el mito de la igualdad de oportunidades*. México: Siglo XXI Editores.

Fernandez de la Vega, M.T. (2006): "Socialismo y nueva ciudadanía", en *Revista Foro*, Vol. 21, Nº 57, Año 6, Santiago.

Garretón, M. A. (2000a): *La sociedad en que vivi(re)mos. Introducción sociológica al cambio de siglo*. Santiago: LOM ediciones.

_________ (2000b): *Política y sociedad entre dos épocas. América Latina en el cambio de siglo*. Rosario: Homo Sapiens.

_________ (2006): "Modelos y liderazgos en América Latina", en *Revista Nueva Sociedad*, Nº 205, Caracas.

_________ (2007): *Del Post-pinochetismo a la sociedad democrática. Política y globalización en el bicentenario*. Santiago: Random House Mondadori.

Germani, G. (1965): *Política y sociedad en una época de transición. De la sociedad tradicional a la sociedad de masas*. Buenos Aires: CLACSO-Eudeba.

Giddens, A. (2000): *La tercera vía. La renovación de la socialdemocracia*. Madrid: Taurus.

Habermas, J. (1989): *Identidades nacionales y postnacionales*. Madrid: Tecnos.

Hessel, S. (2010): *Indignez vous*. Montpellier: Indigéne.

Krugman, P. (2009): *El retorno de la economía de la depresión y la crisis actual*. Barcelona: Editorial Crítica.

Lanzaro, J. (2007): "La tercera ola de las izquierdas latinoamericanas: entre el populismo y la social-democracia", ponencia presentada en el Coloquio: "Amérique Latine: Nouvelles gauches? Nouvelles démocraties?", Universidad de Montréal, Canadá.

_________ (2008): "La socialdemocracia criolla", en *Revista Nueva Sociedad*, Nº 217, Buenos Aires.

Lozano, W. (2005): "La izquierda latinoamericana en el poder: interrogantes sobre un proceso en marcha", en *Revista Nueva Sociedad*, Nº 197, Buenos Aires, Argentina.

Mangabeira Unger, R. (2010): *La alternativa de la izquierda*. Buenos Aires: Fondo de Cultura Económica.

Moreira, C.; Raús, D.; Gómez Leyton, J.C. (2008): *La nueva política en América Latina. Rupturas y continuidades*. Montevideo: Editorial TRILCE.

Panizza, F. (2009): *Contemporary Latin America. Development and democracy beyond Washington consensus*. New York: Zed Bocks.

Petkoff, T. (2005): "Las dos izquierdas", en *Revista Nueva Sociedad*, N° 197, Buenos Aires, Argentina.

Polanyi, K. (1989): *La gran transformación*. Madrid: La Piqueta.

Ramírez, F. (2006): "Mucho más que dos izquierdas", en *Revista Nueva Sociedad*, N° 217, Buenos Aires, Argentina.

Revista Nueva Sociedad (2006): *América Latina en tiempos de Chávez*, N° 205, Caracas, Venezuela.

__________ (2008): *Los colores de la izquierda*, N° 217, Buenos Aires, Argentina.

Revista Umbrales (2011): "El debate de la izquierda", en *Umbrales de América del Sur*, N° 11, Buenos Aires, Argentina.

Rosanvallon, P. (2011): *La societé des égaux*. París: Seuil.

Sader, E. (2009): *El nuevo topo. Los caminos de la centroizquierda latinoamericana*. Buenos Aires: CLACSO-Siglo XXI Ediciones.

Sen, A. (2010): *La idea de la justicia*. Madrid: Taurus.

Touraine, A. (2010): *Aprés la crise*. París: Seuil.

Vilas, C. (2005): "La izquierda latinoamericana y el surgimiento de regímenes nacional-populares", en *Revista Nueva Sociedad*, N° 197, Buenos Aires, Argentina.

Wallerstein, I. (1998): *Utopística. O las opciones históricas del siglo XXI*. México: UNAM-Siglo XXI Editores.

Weyland, K.; Madrid, R.; Hunter, W. (eds.) (2010): *Leftist Governments in Latin America. Successes and shortcomings*. Cambridge: Cambridge University Press.

II. Comentario en torno al progresismo, el Estado y la democracia en América Latina

Eduardo Rinesi

Comenzaré por algunas ideas generales que me surgen a partir de la lectura del libro de Manuel Antonio Garretón[75], que me resultó verdaderamente muy interesante y muy instructivo por muchas razones que voy a tratar de indicar. Y también de la lectura (mucho más apurada, me temo) de algunos artículos que el autor tuvo la amabilidad de mandarme, sólo que recién ayer, por lo cual apenas pude mirarlos rapidísimo como para poder aludirlos hoy aquí, aunque sea —vamos a ver— de pasada.

Entonces: es alrededor de estas lecturas que me gustaría decir algunas pocas cosas. Con una doble autorrestricción. En primer lugar, trataré de concentrarme en los temas que la organización del seminario indicó para esta primera parte de la mañana, de modo de no superponernos mucho con lo que posiblemente vaya después a decir Osvaldo. Entonces, trataría de decir algunas cosas en torno a estos tres conceptos: política, democracia y movimientos sociales, este último en el sentido en que lo utiliza Manuel Antonio Garretón, que me parece que es un sentido bastante amplio. De todos modos, es evidente que la discusión sobre estos conceptos me llevará enseguida, necesariamente, a decir algo sobre la cuestión en la que desemboca todo el argumento del libro de Manuel Antonio Garretón, y que a mí

---

[75] Ver Garretón, Manuel Antonio: *Neoliberalismo corregido y progresismo limitado: los gobiernos de la Concertación en Chile 1990-2010*, Santiago de Chile: Arcis-Clacso, 2012.

me parece muy importante para pensar este momento político latinoamericano, chileno y argentino: la cuestión del Estado.

En segundo lugar, voy a tratar de organizar esto alrededor de la idea más general del seminario, cuyo título y cuyo programa plantean la noción de una mutación de la democracia. Esto es: de una mutación de la formas de organización política que nombramos con esa palabra, democracia, pero también –me parece entender– de una mutación en el sentido mismo del *concepto* de "democracia" en los últimos años, o en las últimas décadas, en nuestras discusiones teóricas y políticas.

En ese sentido, quiero anticipar que me parece posible sugerir que en las últimas décadas, en nuestra región, y ciertamente en nuestro país, se ha producido un corrimiento que nos ha desplazado desde la noción de la democracia que caracterizó el debate argentino (y sin duda también el chileno) en los años de la "transición" –una noción de la democracia muy asociada a la idea de libertad, al énfasis en la cuestión de la libertad o las libertades, y a una mirada por lo menos recelosa respecto al Estado, visto siempre (por razones bien comprensibles, claro: salíamos todos de dictaduras muy atroces) como un enemigo real o por lo menos potencial de esas libertades– a una idea de democracia o (incluso diría más) de *"democratización"* entendida menos como utopía futura de libertades que era necesario conquistar que como un proceso de ampliación, universalización, profundización... de derechos.

En efecto, me parece que el énfasis en nuestras discusiones sobre la democracia en las últimas décadas, en toda la región, tiende a desplazarse de una preocupación casi monotemática por la libertad a una preocupación casi excluyente por los derechos. Y que en ese ciclo uno puede describir distintos modos en los que se ha pensado la cuestión democrática. En la Argentina se pensó la democracia –me parece– primero como utopía (en los años de la transición), después como una rutina (en los que siguieron: del 87, digamos, al 2001), después como un espasmo (a fin de 2001 y comienzos del año siguiente), y después como un proceso (a partir de 2003). Y me parece, entonces, que pensar la democracia, hoy, más en términos de derechos que en términos de libertades nos lleva a una representación diferente sobre el papel y las eventuales bondades del Estado, que ya no es visto –por lo menos de manera general– como una amenaza real o potencial a la libertad sino como una garantía, *como una condición de posibilidad*, del ejercicio de la libertad y de los derechos, como por lo demás lo ha pensado siempre la gran tradición republicana occidental.

Con esta preocupación en mente voy a tratar (sólo a modo de disparadores del debate y provocaciones a Manuel Antonio Garretón para su intervención) de decir algunas cuestiones. Una, que es algo que nos pasa siempre cuando leemos a autores que escriben sobre mundos políticos cercanos, pero no idénticos al nuestro, se refiere a las palabras, a las categorías, a los significados de algunas categorías teóricas. Nos pasa con los autores como nos pasa con los idiomas. Uno en inglés puede no entender, pero es raro que se confunda. En cambio en portugués –ya se sabe– se confunde. Y me parece que con los autores que escriben sobre procesos políticos muy cercanos a los nuestros nos pasa lo mismo. Usamos las mismas palabras, pero las usamos en sentidos a veces sutilmente diferentes, lo cual, por lo menos a mí, me resultó instructivo. No tiene ninguna consecuencia para mi argumento lo que voy a decir ahora: es casi una nota de color. Pero me parece por lo menos instructivo aprender en qué sentido se utilizan algunas categorías que nosotros hemos usado mucho para describir un proceso que es sin duda parecido al proceso chileno, pero ciertamente no idéntico.

Primero, la propia categoría de "transición". Que evidentemente, por el modo en que la usa Manuel Antonio Garretón, se utiliza en relación al proceso chileno en un sentido diferente al que nosotros hemos utilizado en Argentina. Manuel Antonio Garretón subraya la existencia de tres formas diferentes, en la gran región latinoamericana caribeña, de pensar la cuestión de la transición. Una correspondería al pasaje de sociedades autoritarias, de dictaduras cívico-militares, a regímenes civiles liberal-democráticos. Y eso correspondería al Cono Sur. Una segunda forma correspondería a eventos revolucionarios (típicamente, el nicaragüense) que, más que producir un pasaje de un tipo de régimen a otro, inventan una sociedad de nuevo. Y otros son procesos de reforma más tortuosa, más a largo plazo, al interior de cierto régimen estatal-partidario. Y el ejemplo en este caso, naturalmente, es México.

Viendo el modo en que utiliza la palabra "transición" Manuel Antonio Garretón en su trabajo, me surge la evidente constatación de que hemos usado esa palabra de manera diferente en los procesos de transición chileno y argentino. El autor afirma que el proceso de transición en Chile comienza el día en que Pinochet pierde el plebiscito y termina el día en que asume Patricio Aylwin. En la Argentina, ciertamente, la palabra "transición" se utilizó para describir no el proceso que termina con la asunción de Raúl Alfonsín, sino el proceso que *empieza* con esa asunción. Casi por extensión a veces uno podía utilizar la palabra "transición" para referirse al proceso que empieza con el final de la guerra de Malvinas, en el 82, pero que ciertamente *no* termina el 10 de diciembre de 1983, sino bastante más adelante. (Allí, en todo caso, la discusión interesante es: ¿cuándo? Es posible afirmar que en la Argentina la transición dura exactamente una década: desde diciembre de 1983 hasta noviembre de 1993, cuando Menem y Alfonsín firman, a solas y en secreto, el Pacto de Olivos. En todo caso, sea donde fuere que pongamos el cierre de la transición, la transición ocurre bajo presidentes constitucionales.)

La otra palabra que es fundamental en el argumento de Manuel Antonio Garretón, y que me interesó mucho para pensar los modos en los que la hemos usado en la región, e incluso más en general, en Occidente, es la palabra "progresismo". Me gustó mucho todo su argumento en torno a los modos de progresismo (limitados, dice) de los gobiernos de la Concertación, a los modos en que se inscribe una representación progresista de la política y al modo en que esa representación progresista de la política alienta ciertas medidas y ciertos proyectos, que Manuel Antonio Garretón estudia para el caso de cada uno de los presidentes de la Concertación del ciclo que considera. Una de esas medidas es la que utiliza para ejemplificar el espíritu progresista de la gestión de Michelle Bachelet: la transformación del régimen de jubilaciones, desde el régimen privado de las AFP, a un régimen que no tiene las características del que en la Argentina logra imponer la reforma kirchnerista al sistema de las AFJP, pero que está inspirado, evidentemente, en la misma idea de quitar ese asunto de las manos del negocio financiero privado: de cambiarle la lógica a la cuestión de las jubilaciones y pensiones.

Lo interesante es que, en general, no utilizamos la palabra "progresista" para caracterizar las gestiones kirchneristas. La palabra "progresista", me parece a mí, podría usarse de una manera general para caracterizar a las gestiones de la última década. Pero creo que el gobierno no se reconoce en ese calificativo, ni lo usa, ni nosotros tendemos a usarlo tampoco en relación con él.

En la Argentina, "progresismo" es una palabra que tiene una larga data. Se puede decir que viene de las culturas de la izquierda, sobre todo de la izquierda comunista de los años 50 y 60. Después de la dictadura, se asociará a cierto espíritu del alfonsinismo, y también (después, en los 90) al espíritu de cierta oposición al menemismo. Sin embargo, yo diría que la palabra "progresismo" sirvió para representar sobre todo al espíritu del gobierno de la Alianza, y se terminó de desgastar con el fracaso de esa experiencia. Nadie hoy la reivindica como característica de los últimos gobiernos que hemos tenido del 2003 para acá, gobiernos que, en efecto, heredan una agenda progresista en los términos en que Manuel Antonio Garretón presenta esa palabra. Eso es una evidencia más de que cuando aparece el peronismo se complican las cosas, y nos obliga a preguntas que a veces asumen el carácter de búsqueda de definiciones que en general, apelan al viejo truco aristotélico del género propio y la diferencia específica: ¿qué es tal cosa? ¿Qué es, por ejemplo –y como se ha preguntado tantas veces– el peronismo? O bien, hoy: ¿qué es el kirchnerismo?

Es interesante esta pregunta. ¿Qué es...? Y complicada: El uso del verbo "ser" para identificar experiencias políticas es un problema grande, porque nos lleva a imaginar que esas experiencias políticas pueden ponerse en un cuadro clasificatorio, después adjetivando de alguna manera el cuadradito particular en que hemos situado eso que queremos caracterizar, o definir. Entonces decimos por ejemplo que el kirchnerismo "es un populismo... de izquierda", o "un desarrollismo... social", o "un peronismo... moderno". O lo que sea. Esos ejercicios clasificatorios siempre plantean un problema y quizá sea más interesante pensar los sucesos políticos no tanto en términos de identidades que se despliegan, sino en términos de procesos, que eventualmente van produciendo, en su propio despliegue, identidades. Parecería que el ejercicio que hace Manuel Antonio Garretón va en esa dirección.

En efecto: lo que más me interesó del modo en que Manuel Antonio Garretón presenta la idea de progresismo y la idea de neoliberalismo, es que las presenta *no como identidades sino como lógicas*. Como lógicas que se encuentran, como lógicas en tensión que en su encuentro contradictorio producen resultados también contradictorios. Estas dos ideas son definidas desde el comienzo mismo de su libro. Concibe al neoliberalismo como una visión y práctica sobre la sociedad dominada por el mercado como principio ordenador de toda la vida social. Por el contrario, define al progresismo como la búsqueda por devolverle al Estado y a la sociedad el predominio sobre el mercado y los grandes intereses capitalistas nacionales y transnacionales.

Definidos así, cuando uno define una lógica, no tiene que ser fiel ni al modo en que libros anteriores al que uno escribe han definido una palabra, ni a identidades políticas que uno no aspira a identificar con esas palabras. Entonces, me parece que el ejercicio interesante que hace Manuel Antonio Garretón es decir: yo defino al progresismo así. Pregunta: ¿El progresismo es, en efecto, esto que Manuel Antonio Garretón dice? Respuesta: no sé. En la Argentina ciertamente no. En la Argentina lo que llamamos progresismo en general se ha caracterizado por no buscar devolverle al Estado y a la sociedad el predominio sobre el mercado y los grandes intereses capitalistas, sino más bien por asumir una posición sumamente resignada sobre la posibilidad de hacer eso. Pero Manuel Antonio Garretón tiene todo el derecho a decir: yo defino el progresismo así, y voy a mostrar cómo ciertas experiencias ponen en colisión esa lógica progresista con otra que llevó a que ese progresismo, donde pudo realizarse, sólo pudo hacerlo de modo muy limitado. O incluso de formas que sólo podemos calificar como neoliberales corregidas.

En un cierto sentido, así definido el progresismo, uno puede decir que el progresismo es igual a la política. Si el progresismo es la búsqueda por devolverle al Estado y a la sociedad el predominio sobre el mercado y los grandes intereses capitalistas, el progresismo significa la vocación por construir una voluntad colectiva que subordine (y no *se* subordine) a los presuntos automatismos del mercado, es decir, a los intereses particulares que se disimulan en esos presuntos automatismos. Me parece que lo que Manuel Antonio Garretón define como progresismo es la vocación por no hacer de una sociedad una pura función derivada de fuerzas que no controla la voluntad colectiva que se construye políticamente en esa sociedad. Anteayer tuve oportunidad de escuchar una lindísima exposición de Aldo Ferrer, donde Ferrer presentaba, de manera sintética y muy convincente, los dos grandes modos que hoy disputarían el modo correcto de pensar la Argentina. Decía Ferrer: hay un modo de pensar la Argentina que supone que la Argentina es un fragmento del mercado mundial. Y hay otro modo que consiste en pensar que la Argentina es una nación. Esto último implica la búsqueda de mecanismos a partir de los cuales se construye una voluntad colectiva, que hace que eso (esa nación: la Argentina), que de otro modo podría ser visto como parte de un mecanismo más o menos anónimo o automático, pueda ser pensado como un sujeto de la historia.

Pues bien: esa voluntad colectiva se va construyendo en los distintos países democráticos de la región, nos dice Manuel Antonio Garretón, por distintas vías: en principio, por una vía más "societalista" (el caso boliviano) o por una más "politicista", en este segundo caso con dos variantes: una más partidocrática (la chilena) y otra más populista (la argentina). Ahora: todas estas vías que el autor caracteriza llevan a algo que él subraya y que es un problema fundamental de la discusión teórico-política que tenemos que tener en estos días latinoamericanos: la necesidad de reforzar la centralidad y los poderes del Estado. De reforzar el Estado como garante (como dice Manuel Antonio Garretón al final de su recorrido) de los derechos ciudadanos. Ahora: entre estos derechos ciudadanos me interesa decir dos palabras sobre ese específico tipo de derechos que son los derechos que llamamos "humanos", por la importancia que tiene su tratamiento en la discusión política reciente en toda la región y por la centralidad de los movimientos que los promueven y los defienden dentro del conjunto de los movimientos sociales favorables a la democratización de nuestras sociedades.

En este punto me parece que es posible identificar una transformación en los discursos. Se me hizo muy evidente escuchando la lectura del documento que los organismos de defensa y protección de los derechos humanos en Argentina hicieron el último 24 de marzo en la Plaza de Mayo[76]. Es una ceremonia de lectura de un documento que se repite año a año y a mí me parece que es muy importante. Hay que estar atentos a las evoluciones de esos documentos de un año a otro. En el último en el de este año, me parece a mí que hay la afirmación de una tendencia que es muy marcada y muy visible en el discurso de los organismos: un franco desplazamiento de la idea de que los derechos humanos son derechos que hay que conquistar *contra* el Estado (que es evidentemente la idea con la que nacieron estos organismos, incluso con la que lucharon durante buena parte de los '80 y de los '90), a la idea de que los derechos humanos son los derechos de los que gozamos *gracias* al Estado.

Lo estoy diciendo de manera intencionalmente simplificada. Pero me parece que en efecto ése es el espíritu, sobre todo en los párrafos finales de ese documento, que leyó en la plaza Estela de Carlotto. Por supuesto, no se trata de disimular los múltiples modos en los que el Estado sigue violando los fundamentales derechos humanos en sus comisarías, en sus servicios penitenciarios, en sus instituciones psiquiátricas y en tantos otros lados más. Pero sí de subrayar una gran cantidad de otros derechos que empiezan a aparecer ahora (y lo interesante es que no sólo en el discurso del gobierno, sino que en el discurso de los organismos) como derechos humanos protegidos por el Estado. Lo cual nos conduce incluso a una consideración sobre el modo en que el calificativo 'humanos" se utiliza en

---

[76] La referencia corresponde al 24/03/2013.

relación con los derechos. ¿Por qué ese calificativo? ¿Acaso no todos los derechos son humanos?

En los años '80 llamábamos derechos humanos a ese conjunto básico, mínimo de derechos que son los derechos elementalísimos que los Estados terroristas violan durante las dictaduras. Lo humano como piso. Y los derechos humanos como aquellos que son definidos negativamente por el Estado que los viola. Hoy me parece que es al revés. Cuando decimos que hay un derecho *humano* a la jubilación, al trabajo, a la educación, a casarse con quien uno elija, cuando esas cosas las ponemos en la lista de los derechos que calificamos como *humanos* (interesante signo de época: hace veinte o treinta años a muchas de esas cosas las habríamos puesto en la lista de las *libertades* que debíamos conquistar: hoy las ponemos en la lista de los *derechos* que hay que extender a todo el mundo), lo humano no aparece como piso sino como techo, como utopía, como horizonte. Y el Estado no aparece como amenaza sino como garante.

Me parece que la idea del Estado como garante de derechos es subrayada con mucha fuerza por Garretón al final de su trabajo: si no hay un Estado que los garantice, la idea de los derechos se vuelve una ilusión. Es un principio general muy importante, más allá de los modos diferentes en los que ese principio después se implemente en relación con los distintos derechos de los que se trate. Quiero decir. hay algunos derechos que el Estado sólo puede garantizar (o que elige garantizar) a través del monopolio estatal de ciertas actividades. Hay otros derechos que el Estado busca o elige (o no puede sino) garantizar interviniendo como un actor más en un cierto mercado. Hay otros derechos que el Estado decide (o sólo puede) garantizar regulando, si lo consigue, a los actores que juegan en ciertos mercados de servicios, etc.

Lo cual lleva a Manuel Antonio Garretón a formularse una pregunta que me parece que es fundamental, la pregunta que todos nos hacemos cuando nos planteamos estas cuestiones, que es la pregunta por los mecanismos de control ciudadano del Estado, por cómo nos garantizamos que ese Estado al que proclamamos defensor o garante de un conjunto de derechos no se convierta en un Estado abusivo, invasor, violador de derechos en lugar de garante de los mismos. Aquí estamos ante un problema fundamental de los debates políticos actuales en América Latina, y en la Argentina sin dudas.

La conclusión que querría sacar de esta lectura que hice del libro de Manuel Antonio Garretón es una conclusión que Guillermo O'Donnell había sacado ya hace unos cuantos años, porque venía insistiendo con mucha fuerza en esta idea tan simple, pero tan importante, de que tenemos que pensar más el problema del Estado. La teoría política argentina y latinoamericana de los '80 para acá pensó poco el problema del Estado. Lo había pensado mucho en los '50 desarrollistas, en los '60 dependendistas, lo pensó mucho el propio O'Donnell en textos que son clásicos de la teoría de la región. Pero desde los años '80 para acá nos ocupamos más de pensar el problema del sistema político, de las reglas de juego, del sistema de partidos, que el problema del Estado. Y el problema del Estado es un problema fundamental para una reflexión sobre la democracia. En relación con esto, quiero decir, ya para terminar, cinco cositas. Cinco cosas, y termino.

Primero, me parece importante subrayar lo siguiente (y las consideraciones que hace Manuel Antonio Garretón me llevan a enfatizar esta idea): el Estado no puede ser concebido, en ningún caso, como un actor más en un mercado. El Estado a veces *actúa* en ciertos mercados como un actor, pero no puede ser confundido, su naturaleza no puede ser confundida con la de un actor de un mercado. Porque su naturaleza es de otro orden, el Estado es otra cosa. Puede jugar como un actor de un mercado, pero además tiene una función, una legitimidad y un designio diferentes. Para decirlo de un modo muy clásico: garantizar el bien común. Puede ser que el modo que encuentre de garantizar el bien común sea intervenir, en ciertas circunstancias, en cierto mercado, pero no es eso lo que lo define como Estado. Por ejemplo: puede ser que un Estado elija tener una empresa de aviación que compita con otras en el mercado de las empresas de aviación, pero también puede ser que el Estado diga: "Señores, yo soy el Estado y tengo la función de atender al bien común, en nombre de esa función les exijo a mis funcionarios que viajen por mi línea de aeronavegación, incluso si es más cara que una línea diferente, porque mi lógica no es la del mercado, es otra".

Segunda cuestión: la cuestión del control. ¿Cuál es la estructura de participación que se quiere para controlar al Estado y a la clase política? –se pregunta Manuel Antonio Garretón, después de afirmar la importancia del Estado como garante de derechos. Es la idea del control de ese Estado que queremos, como garante y no como invasor de derechos, autonomías y libertades. Allí me parece que nos metemos en un tema enorme, muy importante políticamente y muy difícil teóricamente también. Es evidente que, cuando Manuel Antonio Garretón dice "¿cómo hacemos para controlar al Estado y a la clase política?", no confunde al Estado con la clase política. Pero es evidente también que muchos ciudadanos sí los confunden. La queja porque hay que pagar muchos impuestos para que la Presidenta de la Nación se compre carteras caras es una queja torpe, pero que resume algo de una confusión que es constitutiva del modo en que pensamos las democracias representativas. Establecer el principio y la distinción de que una cosa es el Estado, otra cosa son los habitantes del gobierno que lo conduce, y otra cosa es la llamada clase política como conjunto de los individuos que trata de apropiarse de un pedazo de ese Estado (a veces estando en el oficialismo, a veces estando en la oposición), es fundamental.

Si la hacemos, la pregunta por quién controla al Estado se vuelve una pregunta muy importante, al mismo tiempo que muy difícil. Porque es evidente quién debe controlar a los individuos que ocupan el gobierno de ese Estado. Lo deben controlar la prensa, los ciudadanos, la justicia. Allí no hay duda. Ahora, al Estado (repito: no a los individuos que ocupan su gobierno, sino al Estado), ¿quién debe controlarlo? Formulo la pregunta un poco más provocadoramente: *¿debe ser controlado* el Estado? Desde el siglo XVII hasta acá son muy pocos los autores que han respondido que sí, que el Estado, *en tanto que Estado*, debe o puede ser controlado. Sus funcionarios deben serlo. Pero el Estado, si en efecto lo pensamos como garante del bien común, ¿por quién podría ser controlado? El gobierno del Estado, ¿por quién podría ser controlado? John Locke lo decía: "The whole people" (y *sólo* "the whole people") reunido en asamblea puede ser el límite (para usar una consigna que se ha visto en estos días en algunos carteles callejeros) al Estado. Pero después, de Baruch Spinoza pasando por Jean Jacques Rousseau, hasta Hegel, vayan ustedes a hablar de límite al Estado, que en esos tres autores, con diferencia de terminología, se concibe como la realización misma, políticamente organizada, de la comunidad, de la Idea, como decía el maestro Hegel.

Tercer punto: nadie está obligado a ser hegeliano. Y por suerte, todos los aquí presentes somos más marxistas que eso. Quiero decir: no tenemos ninguna obligación de suponer que, en efecto, el Estado sea la realización de la idea ética. Por suerte, desde la mitad del siglo XIX en adelante, un conjunto de muchachos (Marx, Bakunin y otros compañeros de nuestra causa) nos han advertido suficientemente sobre los modos en los que todo Estado contribuye siempre a disimular, legitimar y reproducir relaciones de desigualdad, explotación y dominación de los hombres por los hombres. Sin embargo, lo que hemos aprendido dolorosamente en nuestras sociedades latinoamericanas es que *fuera* del Estado no nos aguardan ni la libertad ni el individuo finalmente emancipado ni el poder constituyente de la multitud ni la comunidad reencontrada consigo misma, sino que, en general, fuera del Estado nos esperan la miseria, las peores formas de desprotección y la ausencia absoluta de derechos que sólo el Estado puede garantizar. Por eso, el Estado debe ser pensado, sin ingenuidades, en toda su enorme complejidad teórica y política.

Cuarto: la cuestión de la burocracia estatal. El Estado es un aparato complejo que incluye un conjunto importantísimo de actores, a los que damos el nombre de burocracia, que tienen intereses que no son (por cierto, y acá deberá perdonarnos el maestro Hegel) intereses universales, que son cooptables por corporaciones o que –muchas veces– constituyen ellos mismos una corporación. Varios autores clásicos nos han hablado de sobra acerca de esto como para tener que insistir sobre ello Allí también tenemos un problema con el Estado y una cosa para pensar.

Quinto y último problema. Manuel Antonio Garretón, en alguno de los pasajes de su libro, usa la palabra "jacobinismo", y yo creo que es una palabra fundamental para pensar hoy la situación política argentina y regional. En efecto, en la América Latina de la última década tenemos sistemas políticos democráticos, algunos sumamente avanzados, que han producido transformaciones a veces muy interesantes, transformaciones de ésas que Manuel Antonio Garretón llama "progresistas", *no* a pesar del jacobinismo de sus dirigencias, *sino precisamente gracias a él*. En un contexto en el cual las burocracias estatales muchas veces pueden jugar en contra de los designios reformistas de las dirigencias, en un contexto en el que diversas corporaciones tienen posibilidades diferentes de incidir sobre los decisores de políticas públicas, muchas veces la opción por una forma jacobina de ejercicio del poder político ha producido resultados muy avanzados y muy recuperables en términos de reformas sociales de ésas que, para decirlo rápido, tienden a gustarnos: que tendemos a considerar democráticas y a poner del lado de las cosas buenas de la historia.

Es evidente, sin embargo, que no puede entusiasmarnos la perduración de esas formas de ejercicio del poder que tienen por razones obvias, patas cortas. Y por eso, la conclusión, que es la de Manuel Antonio Garretón y con la que quiero terminar, es la necesidad de *formularnos la pregunta por las formas de participación popular democrática en la construcción de esa voluntad colectiva que pueda hacer de nuestras sociedades eso: sociedades, y no engranajes de mecanismos descontrolados*. Las formas de participación para el control de los gobernantes, ciertamente, pero no sólo para eso. Estoy tratando de pensar en términos un poco más generales, y me refiero, de esa manera sumamente general, al conjunto de las formas de participación popular democrática para la construcción de una voluntad colectiva que nos defina como naciones. Me parece que allí conduce el argumento muy interesante de Manuel Antonio Garretón, y con esa preocupación me gustaría terminar esta presentación.

III. Comentario en torno a los neoliberalismos y progresismos reales y sus perspectivas en América Latina

Osvaldo Iazzetta

1. Una breve presentación de los ejes del libro

Este nuevo libro de Manuel A. Garretón (2012) analiza primordialmente la experiencia chilena durante las dos décadas en las que gobernó la Concertación (1990-2010). Sin embargo, el autor convierte este ejercicio -en sí mismo válido-, en una oportunidad para evaluar a los gobiernos progresistas latinoamericanos en su intento por ofrecer una respuesta alternativa a las políticas neoliberales ensayadas en la región.

Neoliberalismo corregido y *progresismo limitado* es la ecuación que propone para condensar los límites del ensayo chileno y, aunque el tratamiento de este caso sobresale en el libro, éste actúa como una vía de entrada para explorar los desafíos que enfrentan otras experiencias progresistas, desplegando una mirada comparada que enriquece al texto.

El análisis del caso chileno está precedido por una caracterización de las ideas y políticas neoliberales implementadas en la región y por una evaluación de las respuestas que articularon los "gobiernos de izquierda" frente a aquellas. Éstas permiten reconocer los diferentes senderos transitados por el progresismo latinoamericano, una diversidad que será retomada en los capítulos finales para reflexionar sobre los límites y logros de esas experiencias.

Si bien las respuestas a las políticas neoliberales asumen una forma específica en cada país -según las herencias dejadas por la experiencia neoliberal, el lugar de los movimientos sociales y sus trayectorias históricas y la presencia y densidad de los partidos progresistas-, todas comparten su rechazo a los postulados del Consenso de Washington, la voluntad de recuperar el rol del estado y de mejorar la situación social.

Pese a este denominador común, habitualmente se tiende a agrupar los casos nacionales en dos grandes polos: uno más *pragmático* (Brasil, Uruguay y Chile) y otro más *radical* (Venezuela, Ecuador y Bolivia). Frente a esta tentativa de reducir los casos a dos grupos, Garretón (2012:66-67) sugiere otra tipología que tome en cuenta *desde dónde* se ha encarado la reconstrucción de las sociedades tras la oleada neoliberal.

La primera vertiente, alude a los casos en los que esa reconstrucción se ha encarado desde la *política*, una modalidad que engloba ejemplos muy dispares como los de Venezuela, Chile, Uruguay y Argentina, distinguiendo dentro de este espacio entre aquellos que lo han hecho a través de una política más populista o personalista –con riesgo para la integridad de las instituciones-, o a través del sistema de partidos con riesgo, al menos para el caso chileno, de debilitamiento de las relaciones con las organizaciones y movimientos sociales.

En el segundo grupo, la recomposición de la comunidad política se ha gestado *desde la sociedad*, distinguiendo dos variantes: la de Bolivia, en donde esta reconstrucción se ha hecho a partir de un nosotros comunitario configurado por un principio básico -aunque no exclusivamente étnico-, en el que el problema es la integración de sectores que no se identifican con ese nosotros, pero sí con el país; la otra versión -que no se verifica en ningún caso nacional- proviene de las ideas de los Foros Sociales y concibe la reconstrucción de la sociedad a partir de los movimientos y organizaciones sociales, mostrando un fuerte rechazo frente a la política y al estado.

El último grupo reúne a los casos en los que la reconstrucción se ha hecho *a partir de los mercados regulados por el estado*, en los cuales, las políticas públicas reemplazan a la política, apoyándose en el conocimiento experto. Se trata –agrega el autor- de un modelo tecnocrático, propio de los partidos y gobiernos que constituyen una nueva derecha en la que conviven algunas ideas surgidas del post-consenso de Washington con elementos aportados por los conceptos de sociedad civil y ciudadanía tomados de las críticas a las reformas neoliberales.

El autor aclara que estos modelos no existen en forma pura y que los gobiernos de la región combinan sus rasgos de manera distinta, enfatizando uno u otro.[77]

Una nueva agenda progresista

Esta tipología ofrece otra manera de entender los diversos senderos escogidos por los gobiernos progresistas según la recomposición haya provenido de la *política*, la *sociedad* o del *mercado regulado estatalmente*.

En sintonía con estos ejes, al fundamentar una nueva agenda progresista para la región, Garretón señala que ella debería contribuir a una reconstrucción de las relaciones estado-sociedad lo que implica en primer término, un conjunto de reformas estructurales orientadas a revertir las transformaciones de la sociedad implementadas por las políticas neoliberales y a generar una mayor injerencia estatal, social y política de la sociedad en la economía; segundo, la convocatoria y búsqueda de representación de masas y sectores populares diversificados; y en tercer lugar, la profundización de las instituciones democráticas y la expansión de sujetos individuales y colectivos.

Esta agenda contiene un componente utopista de tipo anticapitalista (dimensión *socioeconómica*), otro orientado hacia la igualdad y activación de actores y movimientos sociales y al fortalecimiento de una comunidad democrática de ciudadanos (dimensión *política*) y el último enfatiza la diversidad, las libertades y la creatividad (dimensión *cultural*) (2012: 67-68).

Estos tres ejes proporcionan una matriz que guiará la observación y análisis del modelo chileno bajo la Concertación así como la de los otros casos considerados.

La pregunta que atraviesa todo el texto es *cuán alternativos* al neoliberalismo han resultado los ensayos progresistas encarados en la región. Si bien el libro responde a este interrogante apelando primordialmente a la experiencia chilena, aporta un modo de aproximarse al problema que resulta pertinente para evaluar otros casos nacionales.

---

[77] "Hasta ahora –agrega Garretón-, el que parece haberlos combinado de la mejor manera es el Brasil de Lula" (2012: 67).

La experiencia de la Concertación en Chile

Garretón señala (2012:175) que uno de los temas centrales de controversia durante los gobiernos de la Concertación (1990-2010) fue su relación con el modelo socioeconómico neoliberal heredado de la dictadura pinochetista y con la institucionalidad legada por aquella, dos aspectos que el autor ha destacado permanentemente en sus textos anteriores, desafiando incluso, la corriente predominante dentro de su propio país. Admite que en ambos temas hubo reformas significativas pero no superación o reemplazo de ambas herencias, sino tan sólo corrección de sus componentes neoliberales y autoritarios y consolidación de rasgos fundamentales de ambos.

Dentro de la Concertación agrega (2012:176-177), convivieron tensamente dos orientaciones discursivas –las "dos almas" de la Concertación-, una de corte socialdemócrata y otra de derecha que, si bien era de carácter democrático y antirrégimen militar, se mantuvo más cercana al modelo socioeconómico neoliberal sobre todo en materias fundamentales como la reducción del papel del estado, la primacía del crecimiento sobre la igualdad, las privatizaciones y la falta de una propuesta de reforma tributaria. Esta tensión tuvo efectos importantes en el pasaje que esta coalición registró desde la crítica radical al modelo socioeconómico en los años '80, hacia una crítica parcial sobre sus efectos desigualadores en los años sucesivos.

En este punto Garretón (2012:178-179) se distancia de dos interpretaciones simplistas que habitualmente tienden a explicar la debilidad de este ensayo progresista: aquella que señala que los gobiernos de la Concertación se limitaron simplemente a administrar el modelo heredado y otra que alega que no había espacio para profundizar las reformas estructurales y que lo realizado ya significaba un alejamiento sustantivo del orden neoliberal. La respuesta del autor sugiere en cambio que las políticas de la Concertación no estaban orientadas a consolidar el modelo neoliberal, pero tampoco estaban destinadas a superarlo o a reemplazarlo por otro, sino a *corregirlo*.

Los enclaves no superados y la hibridez
de la sociedad postpinochetista

Si bien el proyecto de la Concertación se presentó como una alternativa para superar las herencias de la sociedad postpinochetista generando un nuevo orden socioeconómico y político, sus gobiernos quedaron atados por dos cadenas o enclaves: uno representado por el modelo socioeconómico, asignando un papel hegemónico al mercado en los diversos ámbitos de la vida social, rol subsidiario del estado y profunda desigualdad estructural y, el otro reflejado en el modelo político institucional que se condensa principal, aunque no exclusivamente, en la Constitución de 1980 y cuya razón última ha sido evitar cambios significativos en el modelo socioeconómico (2012:182).[78]

Eso no impidió que se impusieran correcciones al modelo socioeconómico heredado, sin embargo, no hubo superación de la sociedad postpinochetista. Las políticas aplicadas reflejan una convivencia entre elementos neoliberales y no neoliberales, en lo socioeconómico, y entre elementos democráticos y no democráticos, en lo político, una hibridez que atraviesa a la llamada sociedad postpinochetista (2012:188).

Garretón resume esta hibridez mediante los conceptos "neoliberalismo corregido" y "progresismo limitado". Este último entendido en un doble sentido porque los dos pilares del modelo de sociedad heredados de la dictadura -el papel predominante del mercado con la generación de desigualdades y la institucionalidad democrática incompleta-, fueron corregidos pero no superados o reemplazados por una nueva relación estado-sociedad ni por una nueva Constitución (2012:190): "El doble amarre de la sociedad chilena al orden social de la dictadura, principio de mercado generador de desigualdades e institucionalidad que impide la transformación del modelo socioeconómico, no fue superado" (2012:192).

Aunque su mirada sobre el desempeño de los gobiernos de la Concertación no es complaciente, no habla de fracasos pues han sido exitosos para completar la consolidación de un régimen postautoritario y corregir -en un sentido progresista- el modelo socioeconómico heredado, mejorando las condiciones de vida de los sectores populares.

---

[78] Este último enclave tiene que ver con el papel central de la Constitución política impuesta por la dictadura en 1980 en un plebiscito fraudulento. "Estamos en presencia del único caso en el mundo de una Constitución dictada bajo una dictadura militar que rige en un régimen democrático (...) Esta Constitución, en su contenido, consagra un modelo socioeconómico neoliberal, en el sentido que le hemos dado a este término a lo largo de estas páginas: principio hegemónico del mercado, en todos los ámbitos de la vida social; Estado subsidiario y predominio del derecho de propiedad sobre los otros derechos. En el plano político, ausencia de mecanismos participativos; papel desmedrado de la política expresado, entre otros elementos, en el presidencialismo y centralismo exacerbados y papel tutelar de las Fuerzas Armadas, aun cuando ello se modificara en las reformas de 2005" (2012:186).

Sí fracasó, en cambio, como proyecto democratizador pues éste quedó incompleto al no poder generar un nuevo modelo socioeconómico que reemplazara al neoliberal heredado ni desarrollar un sistema institucional que se tradujera en una nueva Constitución (2012:189).

Una nueva agenda progresista

Como señalamos al comienzo, uno de los méritos del libro reside en convertir la evaluación de la experiencia chilena en una ocasión para examinar los ensayos progresistas de la región y reflexionar sobre los temas que deberían integrar una agenda progresista. Garretón (2012:191) entiende que ésta debe aspirar, entre otras metas, a reconstruir la relación entre economía y política, entre estado y sociedad, sin las cuales el régimen político perdería su relevancia como forma institucional de organización del poder político.

El desafío democrático del futuro reside, de acuerdo a su perspectiva, en la capacidad de reconstruir el sistema político con un estado dirigente que reemplace tanto a los ideologismos del pasado como a las versiones neoliberales recientes (2012:194).

Asimismo, propone jerarquizar el problema de la desigualdad y la necesidad de redistribución de la riqueza, desplazadas en los años '90 por las nociones de equidad o igualdad de oportunidades.[79] De ese modo no sólo reinstala la idea del estado como agente de redistribución de la riqueza – abandonando el rol subsidiario al que fue condenado por la Constitución de 1980 impuesta bajo el pinochetismo-, sino también, la necesidad de una reforma tributaria que le entregue a aquél, los recursos necesarios para acometer esa tarea.[80]

El problema de la desigualdad y la recuperación del estado, son dos pilares fundamentales de esta agenda.[81]

---

[79] En sus conclusiones, Garretón (2012:184) sugiere que el peso de la idea de equidad o igualdad de oportunidades (instalada por CEPAL en su informe *Transformación productiva con equidad*, de 1990) es responsable del desplazamiento de las ideas de desigualdad y redistribución.

[80] Lo que marca una diferencia entre la corrección o superación del modelo, sería la redistribución de la riqueza, que le entregaría al estado los recursos y la capacidad de dirección del desarrollo (Garretón, 2012:194).

[81] Garretón (2012:182) recuerda que Chile pasó de ser el segundo país de América Latina en igualdad de distribución de ingreso a comienzos de la década del setenta a ser el segundo en desigualdad en los noventa.

Con respecto a la desigualdad, advierte la dificultad que enfrentamos para hallar un claro principio rectificador de las injusticias. La multiplicidad de temas y demandas que afloran en una sociedad compleja, pluralista y heterogénea define nuevas problemáticas (étnicas, de género, de diversidad cultural, etc.) que impiden erigir un "discurso universalista abstracto". Esta variedad de demandas que pueblan la agenda progresista plantea la necesidad de reformular viejos tópicos a la luz de las transformaciones contemporáneas, aceptando la existencia de un *mix* entre universalidad y diferencia (2012:44-45 y 63).

En lo concerniente al estado, Garretón (2012:195) se manifiesta partidario de una *reestatización con control ciudadano*. Ello significa que acepta recuperar el control estatal sobre servicios públicos y revertir la hegemonía que el mercado mantiene en salud, educación, previsión social y otros servicios públicos. Entiende que esto no representa un problema siempre que se asegure el control ciudadano. "¿Es eso volver atrás? No, es ir hacia adelante, porque la vuelta atrás han sido el mercado y la privatización. Pero, como decimos, ello supone fortalecer, al mismo tiempo, los controles y participación de los actores sociales y los ciudadanos".

2. Igualdad y estado: ¿las dos estrellas polares del progresismo?

Estos dos ejes que extraemos de la agenda progresista desarrollada en el libro nos ofrecen una guía para repasar otros aportes que también contribuyen a actualizar estos aspectos tan caros al pensamiento progresista: la igualdad y el rol redistribuidor del estado.

Pese a que nuestra región exhibe menores índices de pobreza que otras regiones del mundo, aún sigue siendo la más desigual del planeta. El coeficiente de Gini en su conjunto supera ampliamente al de otras regiones: África al sur del Sahara, Asia meridional, Asia Oriental y el Pacífico, Medio Oriente y Norte de África, sin contar desde luego a los países de altos ingresos.[82]

En cuanto al estado, el balance no es mucho más alentador. Amplios espacios territoriales de nuestra región desconocen la presencia del estado, poniendo en duda la existencia de ciertos atributos de estatidad,

---

[82] Véase Lustig (2012:90).

sin los cuales se ve impedido de asegurar el cumplimiento de ciertas funciones básicas.[83]

En suma, hay en nuestra región un amplio y fértil campo de acción que reclama políticas progresistas que permitan reparar las enormes disparidades sociales acumuladas y una mayor presencia del estado como instancia de coordinación, redistribución y como proveedor de bienes públicos.

La igualdad hoy

En su intento por distinguir analíticamente derecha e izquierda, Bobbio ha sugerido que "la "estrella polar" que guía el caminar de la izquierda es la tendencia hacia el "igualitarismo".[84] Con ello, no alude sólo a la igualdad ante la ley ni a la igualdad política que se manifiesta en el sufragio universal sino principalmente, a la igualdad material, esto es, la igualdad en las condiciones de vida, de modo que la libertad de las personas esté respaldada por soportes -educación, salud, trabajo, vivienda- que hagan posible el ejercicio de esa libertad.

Aunque el ideal de igualdad conserva vigencia como guía para un programa progresista, esa aspiración debe hoy lidiar con un escenario más complejo que el que imaginó Bobbio un par de décadas atrás.

Si bien la desigualdad asume especial urgencia en los países latinoamericanos, la literatura reciente da cuenta del alarmante ascenso de este fenómeno en las sociedades centrales. Basta repasar algunos títulos provenientes de reconocidos autores de EE.UU. y Europa para apreciar la importancia de los procesos de desigualación en curso y sus implicancias para la marcha de sus democracias.[85]

Rosanvallon (2012:19), admite con desencanto que "…nunca se habló tanto de estas desigualdades y, al mismo tiempo nunca, se hizo tan poco para reducirlas". En sintonía con esta lectura, hay autores que anuncian

---

[83] Como señala Offe (2012:47): "…para que un Estado sea un Estado democrático, debe ser capaz de proporcionar decisiones colectivamente vinculantes y una amplia variedad de bienes públicos (a menudo fiscalmente costosos). Si no es capaz de hacerlo (¡y hacerlo con continuidad en el tiempo y en el espacio territorial!), hablamos de un Estado 'fallido'".

[84] Garretón (2012:48) cita esta conocida expresión de Bobbio apoyándose en un texto de Carlos M. Vilas.

[85] Nos remitimos a los libros de Stiglitz (2012), Castel (2010), Dubet (2011), Rosanvallon (2012), Urbinati (2013), y Habermas (2013).

que el neoliberalismo, en tanto corpus de ideas, goza de buena salud y ahora va por los restos del Estado de Bienestar que aún quedan en pie en los países centrales (Crouch, 2012:11).[86]

Sin embargo, aun quienes manifiestan voluntad de actuar en este terreno, admiten que la idea de igualdad debería ser matizada, reconociendo la complejidad de esta tarea en el presente. Tal como sugiere Rosanvallon (2012:353) en su último libro, el proyecto moderno de una sociedad de iguales estaba inscrito en una *economía simple de la igualdad,* pero hoy estamos en una economía más compleja que nos exige pensar la igualdad en la era de un "individualismo de singularidad", esto es, "la igualdad en la diferencia".

En este sentido, América Latina es un rico laboratorio pues aún debe asegurar un umbral básico de derechos universalistas (civiles, políticos y sociales) para amplias capas sociales postergadas, sin desatender el reconocimiento de derechos de género, étnicos y culturales que expresan su rica diversidad.

Este tema es asumido en toda su complejidad en el libro de Garretón que comentamos inicialmente pues por un lado reivindica la redistribución de la riqueza apoyándose en textos recientes que abonan esa idea –tales como el de François Dubet (2011)-[87], pero al mismo tiempo admite la existencia de una multiplicidad de temas y problemáticas que impiden erigir un "discurso universalista abstracto" que ahogue las expresiones de diversidad cultural y de grupos minoritarios que pueblan el escenario político y social (2012: 44).

¿Una estatalidad progresista?

En un corto lapso, nuestra región ha oscilado del desencanto y demonización del estado a su redescubrimiento y recuperación. Tras la oleada antiestatista de los años noventa, asistimos a un retorno del estado que se

---

[86] Frente a quienes han venido anunciando un declive o derrota del proyecto neoliberal, Colin Crouch (2012:11) señala que luego de la crisis del 2008 y el salvataje estatal a los grandes bancos de EE.UU., el neoliberalismo está saliendo del colapso financiero más fuerte que nunca en términos políticos y que la resolución de la crisis ha sido redefinida en muchos países como la necesidad de recortar de una vez por todas el Estado de Bienestar y el gasto público, por eso el autor habla de "la extraña no-muerte del neoliberalismo".

[87] Véase Garretón (2012:64).

manifiesta tanto en políticas públicas que le asignan mayor presencia en espacios que antes estaban en manos del mercado como en su rol de garante de derechos, asumiendo una misión reparadora que contribuye a mejorar la cohesión social en sociedades heterogéneas y fracturadas.[88]

La dimensión fiscal y la sustentabilidad de los derechos en el tiempo

La expansión de derechos -como la reparación de derechos conculcados en gobiernos anteriores-, contiene una dimensión fiscal que define las posibilidades del estado de actuar como agente de redistribución así como las chances de mantener esas conquistas, cuando culminen los gobiernos que las han impulsado.[89]

Éste es un tema crucial pues como bien ha destacado Rouquié (2011:341) "sin ingresos fiscales suficientes, no es posible practicar una distribución de los ingresos más equitativa". Sin embargo —agrega- en el conjunto de la región la carga fiscal es relativamente baja y la incidencia del sector informal contribuye a reducir drásticamente la base tributaria al tiempo que destaca el carácter no igualitario y regresivo de una fiscalidad que descansa mayoritariamente en los impuestos indirectos. Para completar este panorama Rouquié (2011:342) señala que los gastos sociales son generalmente procíclicos de modo que se tiende a gastar más en períodos de prosperidad y menos en las fases de recesión, yendo así a contracorriente de toda lógica de protección social, puesto que es en los momentos de crisis cuando la vulnerabilidad aumenta y las necesidades se incrementan.

La otra cuestión crucial se refiere a las posibilidades de sobrevida que tienen los derechos conquistados bajo los actuales gobiernos. Según Mazzuca (2012), las capacidades estatales varían no sólo en su alcance territorial, como notó Guillermo O'Donnell al hablar de las "zonas marrones", sino también en su *rango temporal*. Uno de los riesgos es que todo lo logrado por algunos gobiernos de la región (Bolivia, Ecuador, Venezuela, Argentina) se desmorone con el fin del *boom* en los precios de las materias

---

[88] Sobre dicha "misión reparadora" véase Rouquié (2011:340).

[89] Esta inquietud está presente en el texto de Garretón cuando alude a la relevancia de las reformas tributarias implementadas por la Concertación.

primas que desde 2002 generó un flujo torrencial de recursos económicos para el tesoro de todos los países de América del Sur. El fin del ciclo de precios o el cambio de gobierno –agrega Mazzuca- pondría fin a la supuesta nueva autonomía del estado. Sin embargo, el período de vida de los atributos del estado debería ser más largo que el de los gobiernos. ¿Cuándo la autonomía y la capacidad pertenecen al gobierno y cuándo al estado?, se pregunta.[90]

Construir una estatalidad democrática

Si bien celebramos la voluntad de revisar la experiencia neoliberal impulsando la reparación de derechos conculcados, también resulta preciso contemplar otras dimensiones del estado que contribuyan a forjar una estatalidad democrática.

La democracia necesita del estado, es cierto, pero más estado no implica necesariamente mejor democracia. Es preciso advertir esta tensión pues el nuevo clima ideológico instalado tras el fracaso de las políticas neoliberales tiende a presentar su regreso como si ello bastase para perfeccionar nuestras democracias. El estado no tiende inherentemente a la democratización ni es por esencia progresista. Ambas cualidades son contingentes y que ello resulte posible dependerá de variables que no se reducen simplemente a sus dimensiones y activismo.

Si bien corresponde celebrar la adquisición de derechos sociales y culturales que beneficia a nuevos actores en varios países de la región, esa conquista resultará insuficiente si no viene acompañada de mejoras en la rendición de cuentas, acceso a la información pública y mayor autonomía de las organizaciones de la sociedad civil frente al estado.

Como destaca Peruzzotti (2012), "…una agenda progresista que promueva un estado más intervencionista en términos de políticas sociales o económicas no puede prescindir del papel crucial que cumplen las instituciones de rendición de cuentas".

El retorno del estado al que hoy asistimos, no asegura *per se* el sello progresista al que aspiran muchos de los gobiernos de la región si esta

---

[90] No obstante, Mazzuca (2012) advierte que en algunos países de la región se observan niveles de estabilidad de ciertas políticas públicas que se extienden por grandes bloques de tiempo, lo que políticamente quiere decir períodos más largos que el ciclo electoral.

mayor presencia estatal viene acompañada de desconfianza y desdén frente a las demandas de control público y rendición de cuentas. El progresismo no puede cifrarse sólo en ocupar espacios que hasta hace poco estuvieron en manos privadas sino también, en la visibilidad y publicidad que muestre a medida que aumenta sus responsabilidades y dimensiones.

Resulta prudente evitar todo *esencialismo* que dé por sentado que, por su propia naturaleza, el estado sólo podría cumplir funciones progresistas. La sociogénesis del estado y la experiencia autoritaria desatada en los '70, nos recuerdan que éste no está destinado "...por esencia al desempeño de tareas históricamente progresistas ni es un ente que por su naturaleza acompañe favorablemente el desarrollo y emancipación de los grupos dominados".[91]

Para que el actual retorno del estado no se convierta en una nueva oportunidad desperdiciada, deberá ser algo más que un simple reverso de la euforia privatizadora que se extendió en los '90. Es posible y necesaria otra mirada sobre el estado pues de lo contrario nos arriesgamos a que aquella oleada privatista sea reemplazada por una actitud meramente reactiva –como un simple espejo invertido de aquella- pero manteniendo prácticas tan poco consonantes con la vida democrática, como las que acompañaron su desmantelamiento durante el auge del neoliberalismo.

La *reestatización* ha sido uno de los signos dominantes en algunos procesos refundacionales encarados en la región (especialmente Bolivia, Ecuador, Venezuela y en parte Argentina). Sin embargo, vale recuperar la advertencia lanzada por Garretón (2012:195) en sus conclusiones, cuando defiende la reestatización siempre que se fortalezcan al mismo tiempo, los mecanismos de participación y control de los actores sociales y de los ciudadanos sobre el estado.

En suma, el derecho a un buen estado no sólo le exige a éste garantizar los derechos prometidos por la democracia –una responsabilidad indelegable por cierto-, sino también tornarse amigable y consistente con ésta, despojándose de la opacidad, secreto y natural inclinación a concentrar recursos de poder que lo distingue, en tanto entidad monopólica y centralizada que emite decisiones colectivas vinculantes.

---

[91] Véase Flisfisch, Lechner y Moulián (1985:94).

Compartimos con Urbinati (2013:5), que el principal desafío radica en cómo encarar una redistribución eficiente y cómo procesar las tensiones entre capitalismo y democracia sin olvidar que esta última implica al mismo tiempo, "un proceso de difusión del poder político". Éste seguirá siendo, a nuestro entender, el reto más ambicioso para cualquier proyecto progresista en el futuro.

Bibliografía

Castel, R. (2010). *El ascenso de las incertidumbres. Trabajo, protecciones, estatuto del individuo.* Buenos Aires: Fondo de Cultura Económica.

Crouch, C. (2012). *La extraña no-muerte del neoliberalismo.* Buenos Aires: Capital Intelectual.

Dubet, F. (2011). *Repensar la justicial social. Contra el mito de la igualdad de oportunidades.* Buenos Aires: Siglo Veintiuno Editores.

Flisfisch, A., Lechner, N. y Moulián, T. (1985). Problemas de la democracia y la política democrática en América Latina. En *Democracia y desarrollo en América Latina.* Buenos Aires: Grupo Editor de América Latina.

Garretón, M. A. (2012). *Neoliberalismo corregido y progresismo limitado. Los gobierno de la Concertación en Chile, 1990-2010.* Santiago de Chile: Arcis/Clacso.

Habermas, J. (2013). ¿Democracia o capitalismo? *Nueva Sociedad*, 246, Buenos Aires, pp.32-46.

Lustig, N. (2012). Desigualdad y pobreza en América Latina. En *América Latina en los albores de del siglo XXI. 1. Aspectos económicos.* México: Flacso-México.

Mazzuca, S. (2012). Legitimidad, autonomía y capacidad: conceptualizando (una vez más) los poderes del Estado. *Revista de Ciencia Política*, 32, 3, Santiago de Chile, pp 545-560.

Offe, C. (2012). Crisis e innovación de la democracia liberal: Puede ser institucionalizada la deliberación? *Debates y Combates*, 3, 2, Buenos Aires, pp. 39-81

Peruzzotti, E. (2012). "Estado y rendición de cuentas: El derecho a un buen Estado". *Escenarios Alternativos.* Disponible en: http://www.escenariosalternativos.org/default.asp?seccion=coyuntura1&subseccion=coyuntura1¬a=4299

Rosanvallon, P. (2012). *La sociedad de iguales.* Buenos Aires: Manantial,

Rouquié, A. (2011). *A la sombra de las dictaduras. La democracia en América Latina*. Buenos Aires: Fondo de Cultura Económica.

Stiglitz, J. (2012). *El precio de la desigualdad*. Bogotá: Taurus.

Urbinati, N. (2013). *La mutazione antiegualitaria. Intervista sullo stato della democracia*. Roma: Laterza.

I. Mutaciones contemporáneas de los rituales democráticos[92]

Marc Abélès

Mi punto de partida en esta conferencia es relativamente modesto, ya que no tengo intención de presentar aquí una teoría de la democracia. Creo que las investigaciones que he efectuado y que Rocío Annunziata ha evocado, se refieren a las prácticas políticas concretas, que tienen que ver con la democracia; pero lo que me interesa ante todo es la manera en que se practica la democracia. Me parece, en efecto, que la palabra democracia, el concepto de democracia, ha dado lugar a numerosos debates y controversias. A veces dichas controversias reflejan puntos de vista teóricos que en realidad no tienen mucho que ver con las prácticas reales y efectivas de la gente, en tanto que mi punto de vista, que es el de un antropólogo acostumbrado a trabajar sobre el terreno, tiene en cuenta sobre todo la realidad de esas prácticas. Por lo tanto ese enfoque considera los elementos empíricos y se basa también sobre estudios políticos en algunas sociedades, por cierto, muy diferentes entre sí.

En esta conferencia hablo de los rituales democráticos y empleo el término "rituales", una expresión familiar para los antropólogos, quienes la usan a menudo cuando hablan de la religión. Pero me parece que lo político contiene también una dimensión ritual que es fundamental, al igual que una dimensión simbólica. Y diría que uno de los aportes de la antropología

---

117

es permitirnos reflexiones acerca de esa dimensión simbólica y ritual. En consecuencia voy a proponerles un itinerario que recorre esas prácticas rituales de la democracia.

Partiré, por supuesto, de una definición de lo ritual y ésta considera dos puntos de vista diferentes sobre lo ritual. Podemos hablar de ritual cuando hablamos de actos que se repiten con regularidad. Decimos, por ejemplo, que al lavarnos los dientes todas las mañanas practicamos algo así como un ritual, es una actividad ritual, una actividad simplemente repetitiva. Y Claude Levi-Strauss, el antropólogo, define los rituales diciendo que son al mismo tiempo actividades fragmentadas y secuencias repetitivas. Por lo tanto fragmentación y repetición son los dos ingredientes, los dos elementos de lo ritual.

En el quehacer político existe una cierta cantidad de actos que se repiten indefinidamente. Se me ocurre pensar en las reuniones del Consejo de Ministros, en Francia, que tienen lugar una vez por semana. Así, cada semana tenemos allí una serie de presentaciones, luego un comunicado que explica lo que ocurrió, y eso marca de algún modo un ritmo en las actividades del gobierno. Podemos hablar de una forma de ritual. Por lo tanto la vida pública abunda en rituales. Y hay personas especializadas en la organización de rituales, que se ocupan de lo que llamamos protocolo. Ésa es la primera acepción de la noción de ritual. La segunda acepción remite al alcance simbólico de esas actividades. El alcance simbólico es algo que se vincula también con la sacralidad. Muchas veces cuando se habla de rituales –hace un momento aludí a la religión– se evoca un aspecto que remite a la trascendencia. En los regímenes políticos monárquicos existe una amplia asociación entre el poder y la trascendencia. En mi país se hablaba otrora de monarquía de derecho divino, y si tomamos ejemplos muy lejanos como algunos de África, hay muchas monarquías que son consideradas como divinas y la política es inseparable de ese ritual que evoca la trascendencia.

Incluso en nuestras democracias hay algo –y vamos a comentarlo– que alude a esa idea de trascendencia. Claude Lefort afirmaba que no podríamos marcar una separación entre lo que tiene que ver con la elaboración de una forma política y lo que tiene que ver con la elaboración de una forma religiosa. Asociaba, por lo tanto, lo político con lo religioso. Y entonces, como no puede ser de otro modo, esa vinculación de lo político con lo sagrado es cuestionada porque se considera que la mayor parte de las democracias han alcanzado un alto nivel de laicidad y que progresivamente el aspecto religioso se ha ido borrando para dejar la primacía al propiamente político.

En realidad, las cosas son bastante complejas y cuando se trata de democracia vemos que existe con frecuencia un trasfondo que se ubica en un cierto nivel de trascendencia. Explicaré luego este punto.

Pero volviendo al tema de los rituales, creo necesario interrogarnos sobre la operatividad o la eficiencia de esos rituales, y voy a tomar un caso: la sociedad en la cual estuve trabajando en África, en Etiopía, se llama Ochollo. Si tomamos la palabra democracia y queremos aplicarla a algo distinto de las sociedades occidentales, esa sociedad representaba un alto nivel de democracia. ¿Por qué? En la sociedad de los ochollos toda la actividad política es regulada por asambleas.

¿Quiénes son los ochollos? Son agricultores que viven en las mesetas altas de Etiopía meridional. Hay 8.000 habitantes que ocupan un espacio bastante limitado sobre una especie de elevación rocosa y que pasan buena parte de su vida realizando asambleas para tratar los asuntos de interés común. No hay jefes, no hay rey. Son los propios ciudadanos quienes se encargan de tomar las decisiones. Y allí aparece lo interesante, porque vemos una forma "arcaica" de democracia, pero que pude ver funcionar de manera casi cotidiana y donde se apreciaba cómo se instalaba lo que yo llamaría un espacio político.

Porque mi primera idea, y ahora voy a desarrollarla, es que la democracia implica la construcción de un espacio político. Parece algo evidente, parece casi tautológico, pero no es tan sencillo como aparenta. En efecto, si tomamos el caso de los ochollos, resulta que viven en una zona densamente poblada y su territorio está dividido en cuatro distritos. En cada uno de ellos hay subdistritos. A cada uno de éstos corresponde una asamblea, que gestiona los asuntos del subdistrito. Como estamos en un espacio rocoso en altura, en la parte más alta de ese pico hay una plaza donde se reúne la asamblea de todos los ochollos.

Funciona de la siguiente manera: cuando un problema puede ser resuelto a nivel del subdistrito, tanto mejor. Si no es así, va a ser tratado al nivel del distrito y si no hay solución se pasa a la asamblea general. Por supuesto, los temas más abarcativos se tratan directamente en la asamblea general. Es algo así como los temas de subsidiariedad en Europa. Cuando no se quiere tratar una cuestión a nivel nacional, el caso pasa al nivel de la Comunidad Europea.

El vocabulario político de los ochollos es muy rico. Poseen términos específicos para designar distintas situaciones. Utilizan la palabra "bale" para lo que podemos llamar plazas de asamblea, Allí se reúnen las personas, pueden sentarse, pueden charlar, pueden hacer lo que llaman "dubusha", que significa estar juntos en una plaza para hablar entre ellos. Hay una diferencia entre la actividad "dubusha" y otra que llaman "dulata" que es la actividad de asamblea propiamente dicha. Estas palabras dan cuenta de la diferencia entre un espacio convivial y un espacio propiamente político, son dos cosas distintas. ¿Cómo se pasa de "dubusha" a "dulata"? ¿Cómo se construye ese espacio político? Para ello determinados personajes deben cumplir actividades rituales. Los que se ocupan de esas actividades son los que llamo dignatarios. En cada barrio hay dos dignatarios y su rol consiste en reunir las asambleas, resumir los debates al término de las mismas, exponer las decisiones que fueron tomadas y luego hacerlas aplicar. Así funcionan las cosas.

¿Qué hacen los dignatarios? En primer término convocan la asamblea y para ello recorren todo el barrio siguiendo un camino que se llama camino de la ley. La ley en lengua ochollo es "woga", el "camino de la ley" se dice "woga oge" ("oge" significa camino).

Los dignatarios recorren el "woga oge" al son de una trompa y convocan para una asamblea que tendrá lugar al día siguiente. Al hacer esto van arrojando al suelo pasto fresco que es sinónimo de fecundidad y repiten esa operación al día siguiente en la apertura de la asamblea.

En esa ocasión se pronuncia una bendición que dice "bendecimos a todos los ochollos" y se arroja ese pasto como signo de bendición. Ese es el ritual. Allí comienza la asamblea y se entra directamente en el tema del día, sin perder de vista el hecho de que el lenguaje de la asamblea es un lenguaje codificado, un lenguaje que adopta una forma determinada. Por ejemplo: cada discurso comienza siempre con la fórmula "Ochollo es Ochollo". Es una tautología, pero es fundamental. Mientras esto no ocurre, no hay asamblea. Pueden hablar entre ellos, pero no hay asamblea, así son las cosas. Y existe una serie de elementos que no puedo resumir ahora, pero que son otros tantos elementos simbólicos que permiten instalar, poner en escena esa palabra política. Se entra en la palabra política.

Pero tengamos en cuenta que las "bale", las plazas, no están abiertas para todos. Sí lo están si se trata de reuniones que podríamos llamar profanas, pero en el caso de reuniones políticas algunos tienen acceso, pero no todos. Por ejemplo: hay castas, hay grupos de alfareros y de curtidores, los que hacen recipientes de terracota y los que trabajan el cuero, que no son considerados como ciudadanos de pleno derecho y que no tienen acceso a las asambleas. O sea que hay dos categorías de ochollos: están los "mala", los ciudadanos y están los "degela" que son los alfareros y los curtidores. Y hay una tercera categoría con la que no se sabe muy bien cómo proceder: se trata de las mujeres. No se encuentran excluidas *a priori* de la ciudadanía, pero no pueden intervenir directamente; pueden hacerlo manteniéndose en una posición alejada de la asamblea, fuera de la plaza. Por lo tanto deben gritar muy fuerte para hacerse oír, pero pueden ser oídas, no está prohibido.

Haciendo una descripción bastante detallada en este contexto trato de explicar cómo se va construyendo de a poco un espacio político y cómo se crean las condiciones para una verdadera deliberación, y en esa deliberación todos los que hablan están en un pie de igualdad, cada uno puede hablar tanto como quiera, no hay un tiempo asignado al uso de la palabra. Del mismo modo, al término del debate no existe el fenómeno del voto, no se vota. Entonces ¿cómo funciona eso? Mientras no se haya logrado un consenso, la asamblea continúa. Si arrancamos esta mañana y esta noche no hay consenso, se proseguirá mañana y si mañana llegamos a un acuerdo, tanto mejor. Las decisiones se tomarán por unanimidad. Sólo eso vale. Sólo sirve la unanimidad y eso se logra cuando no existe discrepancia. Cuando nadie discute, quiere decir que estamos todos de acuerdo. Y en ese momento la asamblea va a continuar. Entonces los dos dignatarios que abrieron la asamblea retoman la palabra al final de la misma para decir cuáles fueron las ideas adoptadas. Y a ellos les corresponde hacer aplicar esas decisiones. Así funcionan esos mecanismos. Este es un funcionamiento que podríamos llamar "democrático" en el sentido de que existe un espacio político donde cada uno puede expresarse, es un espacio circunscripto y finalmente en ese espacio hay lugar para una palabra que es la palabra del pueblo.

Pero todo eso sólo fue posible porque hay rituales que permiten circunscribir e instalar ese espacio político. Y creo que una vez que hemos mostrado este aspecto de las cosas, podemos tratar de reflexionar cómo ocurre todo en otro contexto.

Voy a dar otro ejemplo y es el de una tarea que cumplí en la Asamblea Nacional francesa, similar al Congreso que funciona en vuestro país. Allí me dediqué a estudiar particularmente los rituales de la democracia al interior de la Asamblea Nacional. Me preocupé por hacer una comparación entre lo que ocurre en París y lo que ocurre en Ochollo. ¿Por qué? Porque parece que el rol de los antropólogos consiste en realizar comparaciones, sin privilegiar tal discurso en relación con tal otro, o el punto de vista occidental con respecto al punto de vista africano. Se trata más bien de ver en qué medida una serie de elementos constitutivos de una situación democrática pueden encontrarse en contextos muy alejados entre sí, y cómo a partir de una mirada que podemos tener, una mirada que proviene de otro lugar –ya que trabajé al comienzo en sociedades muy lejanas– percibimos de otro modo la sociedad en la que estamos viviendo.

Por cierto para un parisino como yo, la Asamblea Nacional es algo muy cercano. Para ir a trabajar sobre el terreno en Ochollo tuve que emplear aviones, caballos y todo eso. Para hacer trabajo de campo en la Asamblea Nacional me bastaba con tomar el subterráneo.

Eso ya marca una diferencia. Pero la situación que encontré allí resulta muy interesante para la comparación, ¿por qué? Porque sin duda la Asamblea es el crisol de la democracia representativa, de la democracia parlamentaria, pero hay algo que aparece de inmediato –y estuve trabajando en la Asamblea Nacional durante un año, tenía mi oficina, prácticamente vivía allí, del mismo modo que estuve residiendo en Ochollo– lo que observé es que no todos tienen acceso a ese espacio y que como en el caso de la asamblea ochollo, es un espacio sumamente circunscripto. Es un espacio al que no se accede así como así, aun cuando es el "palacio del pueblo".

Para entrar al Palais Bourbon, sede de la Asamblea Nacional, se requieren credenciales especiales, autorizaciones, invitaciones, eventualmente por parte de un diputado, y sólo así se puede asistir a la Asamblea, llegando a la tribuna del público. No sé cómo se da todo eso aquí, pero supongo que debe ser algo parecido. Uno tiene acceso a la tribuna del público, pero queda en una situación exterior. Cuando uno entra a esa tribuna en la Asamblea Nacional lo hace por el costado que da al Quai d'Orsay, frente al Sena. Se entra por detrás de la Asamblea. No se accede por la entrada oficial de la Asamblea y uno queda por fuera, separado. Por el contrario, si uno es diputado o colaborador de un diputado, o integra el plantel administrativo de la Asamblea, entra por la puerta principal, muestra su credencial y tiene acceso... ¿A qué? Hay varios casos. Un diputado, evidentemente, tendrá acceso al hemiciclo, donde está su banca, con todas las facilidades para participar en los debates. El que no es diputado, no puede acercarse al hemiciclo durante las sesiones. Entre las sesiones puede circular, pero durante ellas no puede aproximarse a lo que los parlamentarios franceses llaman "el perímetro sagrado". Ese espacio está formado por el hemiciclo propiamente dicho y por tres salones situados detrás del mismo. Uno ha sido decorado por el pintor Delacroix y allí se instalan los diputados de la izquierda cuando salen de una sesión o en los intervalos. En el centro hay otro destinado a los ministros, que pueden conversar allí antes de entrar al hemiciclo. El tercer salón está destinado a los diputados de la derecha. Cuando los debates son muy caldeados y se interrumpe la sesión, aunque los salones se comunican entre sí, se corren gruesas cortinas para evitar posibilidades de conflicto entre los de la izquierda y los de la derecha, con los ministros en el medio, por cierto. Es algo bastante espectacular y a eso se denomina el "perímetro sagrado".

Yo mismo estuve allí; entré porque era considerado colaborador del presidente de la Asamblea Nacional y pude asistir a los debates. Me ubicaba en la Asamblea, en el hemiciclo, en una tribuna pequeña que llaman el guiñol, término tomado del teatro de marionetas. Mi lugar era como una casita de guiñol frente a los diputados. El público está en un nivel más alto y yo estaba al mismo nivel con algunos colaboradores, con ministros y con el presidente de la Asamblea.

Así pude asistir muy directamente al desarrollo de los debates y vi funcionar esa democracia parlamentaria. Me pareció que allí hay una verdadera construcción simbólica en la medida en que por la tarde, cuando comienzan los debates, el presidente de la Asamblea Nacional es recibido con redoble de tambores, por los militares de la llamada Guardia Republicana. Todos los presentes se ponen de pie, empezando por los ministros, para resaltar la importancia del poder legislativo. Y ese momento cuando el presidente declara la apertura de la sesión es como cuando los dignatarios ochollos arrojan el pasto y dan las bendiciones. Y del mismo modo es él quien da término a las actividades anunciando que se levanta la sesión. Así se aplica todo ese ritual que es bastante impresionante, sobre todo para los nuevos diputados, que nunca habían visto eso y que entran en un espacio político cerrado donde va a tener lugar toda la intriga política.

Cuando uno se encuentra dentro de esa intriga política, se da cuenta de que todo está sumamente ritualizado, que todas las acciones están pautadas, o sea que la Asamblea Nacional posee un reglamento.

Cuando asistimos a una sesión de la Asamblea Nacional vemos que hay una cierta tensión simplemente por el hecho de que unos están a la derecha y otros a la izquierda. Eso basta para crear una oposición muy fuerte, se instala una cierta escisión; los que están a la derecha salen por la puerta de la derecha y los que están a la izquierda lo hacen por la de la izquierda. Por supuesto en el medio están los centristas. O sea que todo está dispuesto para evitar, cuando los debates se vuelven tormentosos, que haya tentativas de agresión de los de derecha hacia los de izquierda o viceversa. Pueden plantearse tensiones muy fuertes.

Yo asistí a un debate muy extenso sobre el pacto civil de solidaridad, que permitía concertar uniones no sólo entre heterosexuales, sino también entre homosexuales, antes de la adopción del matrimonio para todos. Era ya un avance importante y provocó ásperas reacciones entre los diputados de la derecha conservadora. Fue un largo debate para saber si podía adoptarse ese tipo de unión, ese tipo de pacto.

Lo que me llamó la atención fue que buena parte de la actividad parlamentaria se desarrolla en comisiones. Antes de dar debate en el ámbito de la Asamblea actúan las comisiones. Es un espacio donde cada uno habla, expone sus propuestas, sus enmiendas y eso funciona un poco como un seminario universitario. Cada sector trae sus argumentos, en ese caso a favor o en contra del matrimonio o de la adopción, la derecha dice lo suyo y lo mismo hace la izquierda. Había gente que citaba a Levi-Strauss, ciertos temas de sociología o de antropología, o sea un debate calificado, con juristas de alto nivel. Había discusiones semánticas. ¿Hay que hablar de matrimonio o de pacto? Y se tenían en cuenta por supuesto, los efectos políticos.

Los mismos actores se encontraron luego, en el marco de la Asamblea, para practicar esa democracia parlamentaria. Allí es muy diferente, sin cesar se producen incidentes, porque cuando se trata de un debate importante sin duda hay discusión sobre el texto de la ley, hay discusión semántica y se plantea algo así como una batalla. Acudo a ese término en referencia al historiador Georges Duby, que hablaba de combates que tenían lugar en la Edad Media, siguiendo reglas muy precisas, con rituales muy precisos. Entonces creo que lo que se da en la Asamblea Nacional, en el ámbito del hemiciclo, es una batalla que se ciñe a una reglamentación. Por ejemplo: si uno considera que algo no funciona adecuadamente puede pedir que se interrumpa la sesión. Si eso está de acuerdo con el reglamento, la sesión será interrumpida. Puede intervenir durante los minutos previstos pero no más. Debe respetar las pautas del reglamento, pero al mismo tiempo está debatiendo, adelanta argumentos y eso puede derivar en otra cosa, porque existe una oposición muy dura entre los campos en presencia, lo que es típico de ese espacio del hemiciclo, construido simbólicamente y que es una característica de la democracia en un país como Francia.

No digo que esto sea igual en otros lugares. Cuando trabajé en el Parlamento Europeo no asistíamos en ningún caso a debates de ese tipo. En el Parlamento Europeo existe también un hemiciclo, cada uno está sentado tranquilamente en su lugar, munido de sus auriculares, se hablan todas las lenguas, con la mediación de los intérpretes, y para ser entendido cada uno debe intervenir brevemente, ser muy claro y sobre todo evitar el empleo de fórmulas desagradables, que induzcan a la polémica o a la controversia. Eso no se hace, no está permitido. Se supone, y es la regla del juego, que previamente cada uno tuvo que negociar y lograr acuerdos, ya sea entre los socialistas y la derecha o entre ecologistas y socialistas. Hay acuerdos que permiten alcanzar mayorías, pero no existe esa idea de mayoría de oposición, simplemente porque en ese sistema no hay un presidente de Europa, no hay un gobierno europeo integrado, no hay un gobierno al cual oponerse; existe simplemente un Consejo. O sea que allí no vamos a asistir al mismo tipo de funcionamiento que en la Asamblea francesa.

En todo caso, esa teatralización que se puede observar en la Asamblea francesa me parece representativa de algo que se comparte y al mismo tiempo de una voluntad de antagonismo. Hay una serie de valores que están vinculados con la representación y son aceptados por unos y otros. Saben que son representantes de un pueblo, que hay un pueblo al cual representan, y también existe la idea de que son una asamblea republicana, hay una idea de república y de que existen ciertos valores que cimientan y dan cohesión a todo esto. Pero al mismo tiempo hay una aceptación del reglamento común, de la norma común que prevalece en este espacio.

Y curiosamente cuando esas personas salen del espacio de la Asamblea y entran a un espacio más amplio, van a encontrarse con periodistas en el "Salón de las cuatro columnas", al que la prensa tiene acceso. Allí muchos parlamentarios y ministros, personas que son líderes, hablan y emplean expresiones que van a encontrar eco en la prensa, en los distintos medios, y se produce un desfase. Porque mientras están en el ámbito del debate se hablan cosas que nunca serán divulgadas. Saliendo de allí, entran en otro espacio de la política que es algo diferente.

Y eso por supuesto no existe en una sociedad como la de los ochollos, donde uno está siempre dentro de un espacio homogéneo o bien completamente fuera de él. Aquí hay espacios intermedios como ese salón de las cuatro columnas que es fundamental en la vida política francesa. Cualquier periodista que se interese por la política debe necesariamente concurrir a ese salón.

Quizás los he fatigado un poco con la descripción de estos procesos. Yo venía hablando de rituales tradicionales de la democracia que no difieren demasiado, en cuanto a su función, entre los que se ven en sociedades consideradas arcaicas y en la sociedad francesa moderna. Se dan ese tipo de rituales. Los hay de todo tipo, que son tradicionales y sobre los cuales no tengo tiempo de extenderme. Son los que están vinculados con los gobernantes. ¿Cuáles son esos rituales de la gobernanza? Son los actos simbólicos que cumplen regularmente los hombres políticos o las mujeres políticas cuando van a inaugurar algo, a conmemorar algo. Allí ocurren muchas cosas. Hay unos que llamaría rituales consensuales, de consenso, y otros que podemos llamar rituales de oposición, en los que se expresan posiciones contrarias al poder instalado. Y al decir esto pienso naturalmente en las manifestaciones, que ameritan un estudio particular.

Aquí, en la Argentina, por ejemplo está la costumbre de golpear cacerolas. Eso, en mi país, se consideraría ridículo, simplemente porque no recurrimos a esa práctica. Tenemos sí la costumbre de exhibir eslóganes que ustedes por su parte, podrían encontrar ridículos. En todo caso se trata de ritualizar las cosas y de hacer funcionar formas de consenso o formas de antagonismo, de un modo relativamente catártico y sin que todo eso derrape hacia expresiones violentas. Todo se hace apelando a valores que se consideran trascendentes, ya que se invoca la defensa de la república, el bienestar del pueblo u otros valores. Basta con asistir a reuniones o manifestaciones para ver aparecer sin cesar esas ideas asociadas a algo trascendente para la sociedad.

Finalmente vemos que son formas muy repetitivas, muy redundantes, pero que estructuran la actividad democrática en la mayoría de las sociedades.

Pero he aquí que actualmente está sucediendo algo que cuestiona y desestabiliza esas formas tradicionales. Desde hace algunos años, no muchos, apareció Internet y provocó un desequilibrio.

Ésta es la idea que quisiera desarrollar. Tiene que ver con una forma de practicar la democracia que tiende a neutralizar a ciertos intermediarios y a asignar una expresión directa a los ciudadanos. Porque si podemos expresar ideas u observaciones en nuestro blog, tenemos la posibilidad de dirigirnos a personas de nuestro país y quizás de todo el mundo, si nuestro blog es seguido más allá de nuestro círculo personal. En todo caso el hecho de poder armar un blog y expresarse a través de la Web es lo que desequilibra, lo que transforma la necesidad, hablando en términos políticos, de ser representado por otros. Desplaza la idea de la existencia de una asamblea que reemplace la expresión directa de los individuos que constituyen el pueblo. O bien es la idea, cuando no hay asamblea activa, de que es posible interpelar directamente al poder centralizado, autoritario, totalitario, a través de Internet. Y eso es muy importante. Puedo dar el ejemplo de China hoy. Estuve en China y miré con mucho interés esta cuestión. Allí existe la posibilidad de armar blogs y hay un tipo de tuit que se llama "wai bo" y todos pueden expresarse y denunciar ciertos hechos en wai bo.

Hay casos célebres. Pienso en un artista llamado Ai Weiwei, un artista plástico que realiza performances, instalaciones, conocido en todo el mundo, que se opuso firmemente al poder sobre no pocos temas, en particular en el caso de un terremoto que provocó el derrumbe de numerosas escuelas y la muerte de muchos niños. Ai Weiwei consideró que eso era algo intolerable porque esas escuelas habían sido mal construidas, en un contexto de corrupción, y que todo eso podría haber sido evitado. Denunció los hechos y, por supuesto las autoridades reaccionaron. Fue golpeado y encarcelado. Pero luego siguió peleando y su blog hoy es recibido por millones de personas en China.

O sea que es una forma de expresión que interpela al poder. El poder no puede permanecer neutral; los blogs pueden ser bloqueados o suprimidos, cerrados de modo autoritario. Pero otros blogs aparecen. ¿Y qué ocurre con ese fenómeno? Por una parte hay una palabra que se expresa como denuncia sobre distintos temas; además resulta ser una palabra que tiene un público muy amplio y una recepción inmediata y obviamente frente a eso el poder no puede permanecer pasivo ni neutral. Finalmente resulta que los blogs tienen una función performativa. O sea que el hecho de expresar algunas ideas suscita otras. Alguien lanza una idea en un blog y otros la retoman, la discuten o la defienden e ingresan a un espacio de debate, de diálogo, y se va creando una verdadera asamblea virtual con un perímetro que no tiene nada que ver con los perímetros tradicionales de otras asambleas.

Es así como se inventa una forma de democracia que no resulta ni mejor ni peor que la precedente, pero que representa sin duda un elemento de ruptura y lo que vemos, sobre todo en lo que hace a ese aspecto performativo, es que muchos movimientos políticos funcionan a partir de exhortaciones que provienen de la Web, o sea de exhortaciones que llegan vía Internet.

Vemos lo que pasó en los países árabes, sobre todo en Egipto y en Túnez, y de qué manera se organizó la movilización a partir de los tuits o de Facebook, de todos esos intercambios que se daban de manera informal en la Web. Hay un formidable poder de movilización y al mismo tiempo se neutraliza la idea de que haya un jefe, un líder que es el que va a dar la orden de movilización. Esa idea de la neutralización de un cierto tipo de liderazgo me parece muy interesante.

También es interesante ver qué pasa con el concepto de carisma. Internet no conjuga para nada con la idea de carisma, hay algo muy contradictorio. En las manifestaciones que se produjeron aquí en la Argentina, la movilización se hizo a través de Internet y no con la intervención de determinadas personas sino con un carácter de movimiento que se va formando. También vemos lo que está sucediendo en Brasil.

Todo esto significa que asistimos a algo que se está inventando actualmente y que presenta también un contenido muy particular. Hay que pensar detenidamente en lo que ocurre. Dije recién que Internet es un medio para denunciar y uno de los temas fuertes en Internet es el de la transparencia. Un tema que aparece con frecuencia hoy es el reclamo a los gobernantes; se trata de rebelarse contra ese desfase que hay entre gobernados y gobernantes y reclamar a estos últimos más transparencia, denuncia de la corrupción y la posibilidad de extraer de ciertos legajos revelaciones que llegan a Internet sin que los periodistas hayan podido intervenir. Eso hace que los organismos tradicionales de regulación, de control, también se encuentren desestabilizados por este fenómeno.

Miren lo que ocurrió recientemente en Estados Unidos, donde un ex agente de la CIA reveló de qué manera el gobierno entraba en posesión de informaciones privadas. Se trata de Edward Snowden, ese personaje actualmente prófugo, que quizás aparezca en Rusia o en Ecuador y que generó una conmoción, algo similar a lo que había sucedido con Wikileaks y Julián Assange. Son sacudidas muy fuertes para las estructuras de poder. Y eso nos sitúa frente a movimientos de gran amplitud, interrogándonos al mismo tiempo si no vamos hacia efectos perversos en esta exigencia de transparencia y si no vamos a llegar a denunciar a una persona sólo por el hecho de que está en el gobierno y ejerce el poder. O bien cuestionar una asamblea, por muy representativa que sea, porque no es todo el pueblo, ya que se puede decir que los diputados son corruptos y que también lo son todos los que se ubican a cualquier nivel de la representación.

Es un fenómeno complicado y según mi opinión, va a tener como efecto hacer que se vuelvan obsoletos ciertos rituales de la democracia que fueron aceptados y practicados hasta ahora. Estamos en una situación de transición que requiere un análisis muy detallado. También podemos preguntarnos si Internet no va a inventarse unos rituales nuevos. Por ejemplo, si los tipos de manifestaciones, las demostraciones promovidas por Internet no van a adoptar una forma particular diferente de las formas tradicionales de manifestación. Todo esto está en gestación, pero integra un conjunto que interesa a los antropólogos en la medida en que la cuestión que se plantea y que se vuelve cada vez más crucial consiste en saber cómo puede ser una sociedad estatizada, nacional, en la civilización actual.

Creo que todo lo que funcionó hasta ahora estuvo vinculado a cierto tipo de sociedad de estado, nacional, un modelo inventado en una época histórica determinada. Ese modelo se ve cada vez más superado al mismo tiempo por los procesos de globalización y por la existencia de las tecnologías actuales, por la circulación tanto de mercancías como de información, lo que nos obliga a pensar nuevos modos de regulación.

Por ejemplo, en lo que se refiere a Internet existe la expresión libre de unos y otros y la posibilidad de tener acceso inmediato y sin dificultades a esa forma de expresión, y también existe la posibilidad inversa que es la de bloquear Internet. Y no sólo los poderes políticos sino también empresas muy poderosas como Google o Facebook pueden, en determinado momento, bloquear, cortar el flujo de la información. Eso significaría, que podríamos conocer formas de censura, formas de negación de la libertad de expresión, con efectos muy peligrosos en materia de democracia.

Por lo tanto se plantea un interrogante, y vuelvo a la idea de construcción del espacio democrático. Hasta ahora nos hemos dado rituales, nos hemos dado regulaciones que permitían hacer funcionar el espacio democrático, con abusos y con defectos, pero de una manera relativamente pertinente y bastante coherente en su conjunto.

Creo que hoy en día, todo nos lleva a revisar esas reglas, esos rituales de funcionamiento. Y por eso me parece, volviendo al tema del seminario, que entramos en un período de mutaciones. Esos temas, que sin duda serán abordados por mis colegas, nos permitirán pensar de un modo un tanto diferente la experiencia democrática. Y son los temas que quise poner sobre la mesa con mi intervención. Gracias.

II. Comentario en torno a la representación y los rituales democráticos

Alejandro Grimson

A partir del trabajo de Marc Abélès pensé algunas reflexiones propias en torno a dos conceptos muy fuertes: uno de ellos ubicado en la ciencia política y en la sociología en general, la cuestión de la representación; y otro profundamente inescindible de la antropología, que los antropólogos tenemos la peculiaridad de entenderlo de manera muy específica, que es la noción de ritual. ¿Por qué en este texto se habla de los rituales de la representación? Quisiera pensar algunas de esas cuestiones en términos teóricos, recordando algunas conceptos, y planteando alguna reflexión para disparar una conversación más vinculada a pensar América Latina, ya que Abélès tiene más en cuenta específicamente el caso francés, en el contexto europeo, y otros contextos como en el africano que él tiene más presentes, tales como Etiopía, más que Argentina o Brasil.

Quería empezar con una referencia, si ustedes recuerdan el cuento de Borges, que plantea esta idea de un país en el cual se ha creado un mapa de las dimensiones del territorio, tenemos una intervención específica de Borges sobre el lugar de la representación, sobre la relación con el mapa y el territorio. ¿En qué escala está hecho el mapa? En la escala idéntica, lo representado es idéntico a aquello a que lo representa, por lo menos en su escala.

Uno puede tomar esa imagen y contrastarla con una de las intervenciones, muy conocidas, de la crisis de la representación en las artes plásticas como es la tela en blanco como obra de arte, una intervención quizá comparable a otras en las cuales se plantea la discusión sobre si eso es arte: el mingitorio de Duchamp, ¿eso es arte? ¿Una tela en blanco es una obra de arte? Es decir, ¿cuál es la relación entre lo que representa y lo representado? No hay ninguna relación, entra en crisis completamente la noción de representación.

Pensaba también en un autor que seguramente Marc Abélès detesta por razones políticas, pero no literarias (tal como nosotros con Borges hemos logrado separar claramente) que es un autor francés que se llama Houellebecq, quizá uno de los escritores más impresionantes contemporáneos de Francia, que justamente titula su última novela *El mapa y el territorio*. Houellebecq vuelve sobre la metáfora de Borges, pero con un protagonista, que es un artista plástico, quien básicamente se dedica a sacar fotos y cuyo éxito es fotografiar los mapas de Michelin sobre las guías de turismo francesas. Este personaje pone un comentario a toda su exposición, -que es una exposición que tiene un éxito fabuloso, y se vende globalmente, la gente compra la foto que él saca de los mapas de Michelin. Su exposición se subtitula: "El mapa es más bello que el territorio".

A mí me parece una cuestión provocadora en el sentido de poder colocar esta relación en crisis y pensar las distintas posibilidades que puede haber en el proceso de representación hasta el punto que, incluso para tomar el título del libro de Abélès, *El espectáculo del poder*[93], aquello que representa pudiera ser más bello que lo representado. De hecho, Clifford Geertz en su impresionante libro *Negara* sobre el Estado-teatro en Bali, analiza un ritual protagonizado por un rey, que en un sentido podemos imaginar como cualquiera de los reyes europeos clásicos. Geertz hace un comentario que a mí siempre me impactó mucho: ¿hasta qué punto y de qué manera intensa, resulta cautivante la desigualdad? Frente a la escenificación del rey, rodeado de todo su poder y todo su espectáculo, lo que Geertz percibe en esa procesión del ritual, del espectáculo, es la interpelación emocional que la desigualdad plantea para los espectadores.

Ahora, como ustedes saben bien, la noción de ritual de la antropología y la sociología tiene un capítulo crucial, ineludible, que es el capítulo francés en Durkheim. Para Durkheim el ritual es exactamente lo contrario de la vida cotidiana. Es decir, lo que hacemos nosotros es salir a la calle, ir

---

[93] Ver Abélès, Marc: *Le spectacle du pouvoir*, Editions de l'Herne, Paris, 2007.

al trabajo, atender, cocinar, resolver problemas y en toda esa vida hay una suerte de pérdida de energía comunitaria, en donde uno va resolviendo cuestiones prácticas. Los rituales que hay en cada sociedad lo que hacen es escenificar la existencia de la propia sociedad. De hecho, la interpretación que hace Durkheim sobre la religión es que la reunión de la comunidad para celebrar a Dios o a cualquiera de los nuevos dioses del mundo secularizado, es una celebración de la existencia de la propia comunidad. ¿Qué es la celebración multitudinaria de la procesión? En Durkheim es la celebración de la existencia de la comunidad como tal. Eso incluso uno lo puede llevar a planos microsociológicos y preguntarse acerca de un festejo de cumpleaños o un casamiento, que son rituales de pasaje donde uno pasa de un estadio a otro estadio a través de un acto, de un procedimiento. En el ritual interesa señalar que para Durkheim hay una clara efervescencia colectiva, y aunque Durkheim no lo afirme directamente, una significación pública: no puede haber un ritual que no tenga una significación pública. Y esa significación tiene una determinada densidad, podría decir uno. ¿Por qué digo esto? Porque todo ritual implica un procedimiento, uno tiene que cumplir ciertos pasos. Ustedes habrán visto, por ejemplo, la escena de Kirchner con el bastón, que modifica el procedimiento, lo cual entonces genera cierto impacto, porque en ese rito de pasaje que es la asunción presidencial, es el procedimiento directamente protocolar. Esa es la dimensión del procedimiento. Pero hay otra dimensión, que es la de la densidad de la significación pública. Es posible tener muchos procedimientos, con una interpelación o una densidad de significación pública nula. Entonces ¿qué pasa con los rituales, si pierden densidad semiótica, si pierden significados agregados para los colectivos sociales? A mi juicio, claramente no serían rituales, en el sentido durkheimiano del término, en el sentido de que hay una efervescencia colectiva.

Ahora, para bajar un poco a tierra y salir de este plano abstracto, ¿qué se ha hecho y qué se puede hacer con los rituales? Muchas cosas. Lo que hace Marc Abélès es fabuloso porque como ustedes saben él hace una suerte de análisis sistemático de todos los rituales políticos posibles e imaginables en el escenario francés y en comparación con otros escenarios. En América Latina nosotros tenemos un libro clásico, que es el libro de Roberto Da Mata, *Carnavales, malandros y héroes*, escrito en 1979, donde él dice que en Brasil hay un sistema de rituales que conforma un triángulo: la celebración del Carnaval, la celebración de la Semana Santa y la celebración del 7 de septiembre, que es el día de la Independencia en Brasil. El protagonista del carnaval es el pueblo, la gente de a pie; el de la Semana Santa es la Iglesia; y el del 7 de septiembre es el Estado, es el espectáculo del poder político. Yo incluso estuve en el 7 de septiembre, que quizá se parece más a algunos 9 de julios de los que tenemos más de cuarenta: mi abuelo me llevaba a la 9 de Julio a ver los tanques, el Ejército desfilando, a ver el espectáculo del poder. El 7 de septiembre en Brasil es así, con esos aviones fabulosos haciendo cosas extraordinarias en el cielo, cosas que acá a nadie se le ocurrirían hoy para festejar un día patrio. Obviamente un análisis casi estructural analiza el sentido de cada uno de esos rituales en oposición a otros rituales. Lo más llamativo es que un historiador argentino, muy conocido como Garavaglia, se pregunta cuáles eran los rituales o el sistema de rituales en la ciudad de Buenos Aires en 1811: el Carnaval, el 25 de mayo y la Semana Santa. ¿Qué pasó con ese sistema de rituales? No ha quedado prácticamente nada: el Carnaval en la ciudad de Buenos Aires es un tema menor comparado a Uruguay, Brasil o Bolivia. Además en la Argentina no hay carnaval nacional, hay carnavales locales. La Semana Santa tiene otro lugar, hay otro momento de la ritualización de la Iglesia que quizá sea mucho más importante que la Semana Santa en este momento.

Lo otro que uno puede hacer con un ritual es hacer una historia: yo escribí una pequeña historia del 25 de mayo. Es muy claro como en los 200 años del 25 de mayo hay momentos de intensa participación comunitaria, y momentos de nula participación. Y eso está vinculado a una serie de cuestiones sobre las que no ahondaré en este momento, pero claramente en 1976 desaparece la significación pública del 25 de mayo como una fiesta cívica. El Sesquicentenario, por ejemplo, fue una gran fiesta cívica, protagonizada por el Estado, pero articulada con la sociedad civil. Lo que sucede en el caso argentino es una particularidad. Argentina es uno de los pocos países que no tiene un día de la Independencia, sino que tiene dos: uno para la capital y otro para el "interior". Nosotros pusimos en el calendario la escisión entre capital e interior que es constitutiva de la idea de Nación, de la idea de totalidad, de la idea de territorio: nuestro mapa tiene inscripta la escisión. Está formalmente calendarizada.

Pero aparece otra particularidad si uno mira la historia más reciente, porque el 25 de mayo va a cobrar una nueva relevancia antes de la asunción del kirchnerismo, pero asociada al kirchnerismo adquiere una particularidad. Porque el 25 de mayo es una de las dos fechas de la celebración del todo, pero al mismo tiempo, es la fecha de la celebración de la parte, en el sentido que es la fecha de asunción de Néstor Kirchner. Entonces si uno iba a hacer etnografía un 25 de mayo de 2006, por ejemplo, se encontraba con una ambivalencia de celebración de la parte y el todo intermezclada. La parte se hacía cargo de celebrar el todo. Por supuesto que en 2010 fue distinto. En el Bicentenario hubo un gran espectáculo del Estado pero hubo una inusitada presencia masiva de millones de argentinos de todos los colores políticos en las calles. Pero digamos que uno de los problemas de la cuestión del mapa y el territorio es el problema de qué es lo que se representa. Y cómo, en ciertos rituales argentinos, aparecen las ambivalencias.

Me parece que esa tensión entre ritual y rutina que planteaba Durkheim sirve para abrir un debate en otro aspecto, muy caro a cualquier idea del espectáculo del poder, que es el ámbito de los medios, sobre lo cual diré una sola frase: si uno lee atento a Marc Abélès advierte que en el ritual de la representación, es muy importante el ritual electoral -muy rico en sí mismo-, pero antes del día electoral, en Francia son claves los debates. Comparemos los análisis del triunfo de Mitterrand en 1981, por ejemplo, con otros medios de comunicación que son los que tenemos ahora. En Argentina tenemos otra peculiaridad, además del 25 de mayo y el 9 de julio: que tenemos muchos más canales de noticias y muchas noticias las veinticuatro horas. Y hay muchos programas, los que tenemos más de cuarenta años recordamos algunos espacios de espectacularización del poder muy tempranos como el programa de Bernardo Neustadt, al cual accedía un político y tenía una parte de su trayectoria hecha en el transcurso mediático. ¿Qué pasa cuando se sale de ese escenario en el cual hay dos horas destinadas al debate político público por semana, a un escenario donde todos los días hay intensísimos debates, como si al día siguiente se jugara la vida o la muerte del país? Y eso sucede en cantidades de canales al mismo tiempo. Lo mínimo que puede suceder es que pierde densidad semiótica, pierde intensidad significativa ese espacio, es decir, que puede existir o no el procedimiento, y que éste puede poseer o no densidad semiótica. Entonces, en ese sentido preguntarse por las relaciones entre mapa y territorio, y preguntarse por las maneras en que se representa, se actúa, se interviene para construir imágenes de la comunidad desde el espacio social, de las calles, del espacio público y de los medios de comunicación, sería un debate comparativo entre nuestros países y un diálogo interesante para tener entre nosotros.

III. Comentario en torno a lo local y lo global en la democracia

Leandro Eryszewicz

El objetivo de las líneas que siguen, es el de explorar las direcciones del desplazamiento de lo político en la globalización, desde las instituciones y conceptos clásicos a las que se ha atribuido la potestad sobre lo político –por ejemplo, el Estado y la idea de soberanía- o en las que se pensó como consustanciales a alguna dimensión inherente a la práctica de lo político –por ejemplo, la deliberación pública y la toma de decisiones sobre la cosa pública en el Parlamento. Para ello, tomaré en consideración, a modo de comentario, el último libro del antropólogo francés Marc Abélès que ha sido publicado en la Argentina, *Anthropologie de la globalisation*[94]. Pero a su vez varios de los temas que mencionaré y que son tratados en profundidad en dicho libro remiten a otras dos obras del autor en las que también aborda dichos temas: *Politique de la survie*[95] y *Le Spectacle du Pouvoir*[96].

En estas obras el interés principal de Marc Abélès se desplaza –este verbo, se verá, tiene una significación esencial en el planteo del autor-,

---

[94] Abélès, Marc (2008), *Anthropologie de la globalisation*. París: Éditions Payot. Edición en español: (2010) *Antropología de la globalización*. Buenos Aires: Del Sol, traducción de François Blanc.

[95] Ibidem (2006), *Politique de la survie*. París: Flammarion. Edición en español: (2008) *Política de la supervivencia*. Buenos Aires: Eudeba, traducción de François Blanc.

[96] Ibídem (2007), *Le Spectacle du Pouvoir*. París: L'Herne.

del ritual político que se pone en escena en las instituciones democráticas (el Estado, el Parlamento, el Ejecutivo, los actores institucionales allí comprometidos) hacia la evolución contemporánea de lo político en el contexto de la globalización. Estos textos, en su interrogación por el desplazamiento o mutación del lugar de lo político en la democracia y en la globalización tienen la virtud de cuestionar de un modo radical algunos de los principales marcos de referencia espaciales y temporales con los que estamos acostumbrados a pensar lo político – sobre todo, el Estado, la soberanía estatal y la comunidad nacional; esto lo retomaré luego- y a generar en el lector -el texto tiene esa fuerza performativa- un esfuerzo intelectual por elaborar nuevas categorías que den cuenta de los nuevos fenómenos relacionados con el desplazamiento del lugar de lo político en el contexto de lo que Abélès llama "lo global-político" y el "paradigma de la supervivencia".

El primer punto a comentar tiene que ver con la crítica que hace Marc Abélès a la naturalización de la forma Estado en su relación supuestamente intrínseca con lo político. La fenomenología de la globalización —la descripción y el análisis de los sentidos, las representaciones de lo político en la era global y de los nuevos actores que dominan la escena- permite poner en cuestión aquello que ha sido la tarea tradicional de la antropología de lo político: desligar lo político de la forma histórica, institucional, que se asoció a dicho concepto en la modernidad: el Estado. La perspectiva que propone Marc Abélès, entonces, no identificando ontológicamente lo político y el Estado, se resiste a ver en la crisis de la forma estatal una crisis de lo político. Su tesis, en cambio, es que hay una transformación profunda de nuestra relación con la política y una redefinición global del sentido de lo político, de su representación o puesta en escena y de los objetivos de la acción política, lo cual tiene como efecto el desplazamiento de lo político desde el Estado hacia el surgimiento de un nuevo escenario trasnacional, denominado lo global-político. Comencemos por dicho efecto.

Marc Abélès, remitiéndose a una vasta bibliografía que se ha dedicado al fenómeno de la globalización, se refiere a que asistimos actualmente a un debilitamiento de la soberanía estatal y de la comunidad nacional como colectivo de identificación y como horizonte de sentido del Estado-nación. Por un lado las políticas públicas están cada vez más condicionadas por una trama de interacciones complejas regionales y globales y por realidades económicas y financieras difíciles de dominar a escala nacional. A su vez, es cada vez más difícil de postular al mundo como un sistema de Estados: el Estado aparece como un actor más en el contexto de una gobernanza (*gouvernance*) global en la que intervienen ONGs, es decir, organizaciones representativas de la sociedad civil que trascienden las fronteras estatales, grandes bloques regionales, agencias evaluadoras de riesgo, organismos de crédito, tribunales internacionales, pero también redes desterritorializadas de amenazas globales como el narcotráfico y el terrorismo. A su vez, se ponen en cuestión las formas de identificación propias del Estado-nación, en la medida en que emergen identidades que exceden el marco nacional, dado que hay una circulación generalizada de individuos que tiende a tejer nuevas referencias subjetivas, y una circulación cada vez más inmediata y extendida *urbi et orbi* de imágenes y símbolos en plataformas virtuales como internet y las redes sociales, que generalmente escapan al control del Estado. En síntesis, el isomorfismo entre pueblo, territorio y soberanía que caracteriza al Estado aparece cada vez más cuestionado en la globalización. Abélès aclara: no se trata de que hayan desaparecido los nacionalismos, pero éstos ya no toman como referencia el marco jurídico estatal y tienden a expresarse en niveles *infra* o *supra* estatales. A esto coadyuvan las nuevas tecnologías digitales que incluso fortalecen el nacionalismo, permitiendo la interacción entre miembros de comunidades de diferentes territorios separados espacialmente, que comparten el mismo lenguaje y forjan un sentido de pertenencia étnica común.

En este contexto, la antropología de la globalización planteada por Marc Abélès se propone des-reificar la concepción de lo político que tienen las perspectivas institucionalistas, funcionalistas y, también, el marxismo. Ni un subsistema de lo social ni una superestructura. De este modo, es interesante su planteo –que ha desarrollado en obras anteriores[97]- de correrse de la gramática de la soberanía, de la construcción de legitimidad institucional y la generación de obediencia –es decir de un modelo vertical- hacia la interrogación por las representaciones, los simbolismos y los modos de ritualización del poder: se trata, siguiendo a Michel Foucault, de "contemplar al Estado desde bajo" centrándose en el "cómo" se ejerce el poder y en las políticas de los actores locales. El Estado-nación es, para Marc Abélès, una construcción histórica, que por tanto no puede postularse como un

---

[97] Véase al respecto *Le lieu du politique*. París: Societé d'ethnographie, 1983; *Jours Tranquilles en 89. Ethnologie d'un département français*. París: Odile Jacob, 1989; *Un ethnologue à l'Assemblée*. París: Odile Jacob, 2000; entre otros.

dato eterno, como una evidencia. Lo más sugerente en este sentido, es la consideración de que el Estado es no sólo un conjunto de instituciones, sino asimismo un ideal, un producto de una creencia desde ya construida simbólica y ritualizada a través de ritos públicos. En síntesis, lo que está en juego en la globalización es que no sólo hay un debilitamiento del poder estatal, sino fundamentalmente un puesta en cuestión de las representaciones ligadas al Estado[98].

El segundo punto se refiere al pasaje de una forma de sociedad, para usar la expresión de Claude Lefort, que se autorrepresentaba en referencia a un "paradigma de la convivencia" hacia una representación en la que prima la idea de supervivencia. El paradigma de la convivencia tiene como marco al Estado nación y se trata de la orientación colectiva de las acciones de los ciudadanos y sus representantes en torno a valores compartidos, a un horizonte común de expectativas. No necesariamente, aclara el autor, se trata de una convivencia pacífica: puede ser el modelo habermasiano que postula la deliberación pública mediante acciones orientadas al entendimiento para la consecución de un acuerdo racional, o bien teorías agonales que pongan el énfasis en la imposibilidad de arribar a un acuerdo. Pero ambas, pongan más el acento en el consenso o el conflicto, tienen como referencia a la convivencia en un Estado-nación. Un problema que surge a partir de este planteo –y que apenas mencionamos en estas líneas- es que para algunos autores que han pensado en la definición de lo político, es justamente la caracterización del paradigma de la convivencia lo que define su especificidad. En este sentido, si se comprende a lo político como una reflexión deliberativa y participativa de los ciudadanos en torno a imaginarios y proyectos en conflicto sobre la definición del bien común, sobre la mejor

---

[98] Esto es desde ya complejo de pensar en América Latina. El denominado "giro a la izquierda" o los nuevos progresismos, son experiencias vinculadas con la centralidad del Estado en la consecución de derechos, y en lo que en algunos países como la Argentina, se ha llamado "la recuperación de la política". Sin embargo, más allá del diagnóstico que puede tener matices cuando se considera a estas experiencias latinoamericanas en relación al Estado, bajo el fondo del diagnóstico más global que hace Abélès, es interesante destacar que el Estado y lo político tienen una convergencia que es histórica y contingente, y por ende cabe interrogarse por cómo se prefiguran modos novedosos de articulación entre política, sociedad, y nuevas formas institucionales.

forma de organizar y dotar de sentido a la polis[99], su desplazamiento en la era de lo global-político conllevaría una crisis no sólo del Estado-nación y de la idea de soberanía, sino asimismo –y fundamentalmente- de lo político en sí mismo.

Actualmente, en efecto, se constata el ascenso de una representación que pone en primer plano la preocupación por el vivir y el sobrevivir, dejando en un segundo plano el problema de la relación entre el individuo y la comunidad política. Por supuesto esto se vincula con el debilitamiento del Estado de Bienestar. Éste no era solamente el garante de la justicia social sino que tenía asimismo el poder de dar seguridad respecto al futuro. Entre el Estado nación y lo global político, existe la misma relación, dice Abélès, que entre el paradigma de la convivencia y el paradigma de la supervivencia. En la globalización los factores de incertidumbre, de riesgo, se multiplican y hacen aparecer al porvenir como un interrogante permanente: el futuro se vuelve cada vez más incierto y precario.

Resulta sugerente pensar en la idea de paradigma de la supervivencia como concepto que es posible contrastar con lógicas singulares de la política a que se dan a nivel local-municipal. Toda una gramática vinculada con la reproducción cotidiana de la vida en el nivel local, emerge en público en el discurso de los candidatos en elecciones ejecutivas y legislativas: la escucha, la presencia, la compasión, el consenso, la resolución de problemas, la atención inmediata de los problemas de la gente, la accesibilidad de los políticos a entrar en contacto con los vecinos. En contrapartida, se refractan como ilegítimos los valores asociados al interés público republicano: su distancia, su altura, su trascendencia a la particularidad, su abstracción. La proximidad tampoco opera una transformación del individuo que participa del debate público y del ritual electoral. Es como si se fijara al individuo a su identidad inmediata como vecino, como sujeto de necesidades más que como actor político que potencialmente inscribe su acción particular en un horizonte de sentido que lo trasciende. Es decir, elementos de la proximidad y de lo local que tienden cada vez más a permear el debate público nacional y a ganar prominencia en la representación política. No se trata, como señala el propio Abélès, de la despolitización y de la apatía ciudadanas, sino de un riesgo

---

[99] Ésta es la concepción de Pierre Rosanvallon en *Por una historia conceptual de lo político*. Buenos Aires: Fondo de Cultura Económica, 1993. Pero también de autores como Dominique Schnapper (véase *La democracia providencial*, Rosario: Homo Sapiens, 2004).

para lo político que proviene de su propia negación en acto. No hay crisis de la representación, pero sí una tendencia cada vez mayor hacia la autorrepresentación, de un lado; y hacia la identificación directa o borradura de la diferencia específica entre representantes y representados. Si bien Marc Abélès desarrolla las transformaciones "desde abajo" del Estado, cabe preguntarse por cuáles son las condiciones de elegibilidad de un candidato en el paradigma de la supervivencia.

Esto se inscribe en la crisis, que se vincula con la crisis del paradigma de la convivencia, del interés general abstracto republicano como aquel principio que guía y legitima las acciones de un Estado neutral, árbitro de las relaciones sociales y a distancia del cuerpo social. Como si el paradigma de la supervivencia implicara la generalización del interés local[100], o dicho al revés, la localización de la política, como aquella lógica que impone la idea en el espacio público nacional de que el modo de hacer política en lo local es el modo legítimo de hacer política per sé[101]. La legitimidad de proximidad – una forma de legitimarse de los gobernantes basada en aparecer como "hombres comunes" que, como señala Rosanvallon[102], piensa habla y vive como sus mandantes- y la localización de la política, podrían ser síntomas del cambio en el modo de representarse y de concebir a lo político en la era de lo global-político. El tema de la proximidad adquiere cada vez más centralidad en el discurso de los medios y los candidatos en las campañas electorales tienden a ser cada vez más "localistas" y a reivindicar una legitimidad de la gestión, incluso cuando se trata de elecciones legislativas (lo cual ha sido particularmente evidente en el caso de las elecciones de 2013 en la Argentina).

¿Cuáles son los alcances de esta representación de lo político? ¿No estamos ante una (im)política de la supervivencia, entendida como la demanda del *homo democraticus*, para usar un término de D. Schnapper, del reconocimiento de la singularidad de su identidad étnica, de su necesidad

---

[100] Esta idea es desarrollada por François Rangeon en el artículo. "Peut-on parler d'un intérêt général local?", en Le Bart, C. y R. Lefebvre, *La proximité en politique. Usages, rhétoriques, pratiques*. Rennes: Presses Universitaires de Rennes, 2005.

[101] Véase al respecto el artículo de Rocío Annunziata "¿Hacia un nuevo modelo de lazo representativo? La *representación* de *proximidad* en las campañas electorales de 2009 y 2011 en Argentina", en Cheresky, I. y R. Annunziata, *Sin programa, sin promesa. Liderazgos y procesos electorales en Argentina*. Buenos Aires: Prometeo, 2012.

[102] Nos referimos particularmente a su obra *La legitimidad democrática* (Buenos Aires: Manantial, 2009).

concreta, sin inscribirse en un colectivo y en metas y valores comunes? ¿Cuál es el demos de esta paradójica representación de un modo del vivir juntos basado en la supervivencia en el contexto de lo global-político? Esta mutación de lo político plantea un desafío para la democracia: ¿los individuos *qua* vecinos constituyen un *demos*? Desde ya que el término impolítica tiene un sesgo de negatividad y está en el límite de lo normativo. Aún, asumiendo tal riesgo, sostenemos que la autoafirmación de sí generalmente convive con la unión de la multitud –para usar un concepto de A. Negri y M. Hardt que se diferencia del *demos* clásico- en la negatividad. El problema, entonces, es si el paradigma de la supervivencia no es acaso una mutación del principio de lo político que, al mismo tiempo, se reconfigura y se niega o rechaza a sí mismo.

En relación a la cuestión del *demos*, Marc Abélès sugiere que la ciudadanía no sería el actor o la arena característica del mismo; protestas de indignados globalizadas gracias a internet, movimientos de protesta más o menos institucionalizados parecieran identificarse con la idea de multitud de A. Negri y M. Hardt. ¿No estamos entonces ante un paradigma de la negatividad, es decir, de multitudes unidas por el rechazo a políticas y modos de gobernanza mundial? Sin embargo, en este punto Abélès se refiere a un *demos* novedoso que se vuelve cada vez más protagonista de la escena inaugurada por el régimen de lo global-político. Es un colectivo trasnacional, que en momentos puede surgir de un modo espontáneo aunque luego se canalice por la prensa y los gobiernos: las grandes movilizaciones de la caridad ante catástrofes mundiales (entre las recientes, por ejemplo, el terremoto en Chile de 2010, el tsunami en Tailandia de 2004, o las inundaciones en la Argentina de 2013). Allí Abélès llama la atención sobre contingentes de personas no unidas en el rechazo, sino en la emoción y la compasión. Esto resulta muy interesante y a su vez polémico respecto de algunos planteos ya clásicos sobre la globalización que establecieron la subordinación total de lo local a lo global y la crisis de lo político advertida en la declinación del modelo del Estado-nación[103], ya que el autor señala el comportamiento caritativo como el síntoma de un retorno de lo sagrado que es propio de lo político: lo político no perdería entonces su referencia a valores, a principios cuasi-trascendentes en los que las sociedades plurales, divididas en antagonismos, se reconocen simbólicamente en su unidad.

---

[103] Un ejemplo de dicho planteo es el libro de Zigmunt Bauman *La globalización. Consecuencias humanas,* 1999.

Para finalizar, cabe preguntarse, a partir de estas notas sobre lo político en la era de lo global que hemos realizado a partir de la obra de Abélès, si la identificación compasiva y emotiva con la dolencia del otro, que es una identificación singularizante e intermitente –pues su mantenimiento en el tiempo depende de la permanencia de ese vínculo empático– constituye un lazo social, un *demos* y un sentido de comunidad política. Porque se trata del *homo democraticus*, en tanto individuo preocupado por su propia supervivencia, que se sólo compadece ante aquel que en un momento crítico es privado radicalmente de los medios para subsistir.

CUARTA PARTE:
Los desafíos de la democracia en América Latina

I. Manuel Antonio Garretón

Antes que nada quiero agradecer a los organizadores, especialmente al equipo Las Nuevas Formas Políticas del IIGG, FCS, UBA, y a las otras instituciones que participan de esta convocatoria y de la organización de este muy interesante y complejo seminario. Digo complejo, porque la verdad es que entender esto es como entender lo que está pasando en Brasil hoy día: hay conferencias, hay seminarios propiamente tales, hay discusiones sobre obras o trabajos de los participantes, etc. Pero me parece que es extremadamente novedoso buscar distintos formatos para responder a esta pregunta sobre la existencia – o no– de mutaciones en la democracia en general, y en particular en América Latina.

Lo que yo quisiera es intentar mostrar, en un carácter tentativo, tres momentos de las democracias en América Latina. Tres momentos que se dan en períodos cronológicos distintos en los distintos países (cuando unos están en uno, otros pueden estar en otro), y por lo tanto mi exposición no pretende ser una visión evolutiva del conjunto de la región. De todas maneras, no deja de ser interesante que si teóricamente uno de los países está en el momento "3" y el otro está en el momento "1", eso que está ocurriendo en el momento "3" afecta al momento "1" y por lo tanto lo modifica, de tal modo que en ningún caso se puede decir que incluso estos momentos, siendo equivalente entre sí, sean iguales para los distintos países en su desarrollo histórico.

Entonces para comenzar, el primero de ellos es el momento que podríamos rotular como de "post-transiciones". El momento en el cual por primera vez en la historia de América Latina tenemos 21 países –o diría, todos los países- con regímenes democráticos. Algunos para sufrir alguna suerte de pequeña involución, pero en general -e independientemente de que haya una enorme cantidad de presidentes que no terminan su mandato- en todos ellos las soluciones a las crisis tendieron a ser soluciones no de ruptura institucional sino de respeto hacia la fórmula democrática. En este primer momento, el tema fundamental de las democracias –y en parte también de las sociedades en las cuales esas democracias se dan- era cómo lidiar con los problemas delegados de las dictaduras, y cómo asegurar lo que en aquella época la literatura llamó la "consolidación democrática", es decir, cómo evitar regresiones autoritarias. Pero no sólo eso, sino que al mismo tiempo surgía la pregunta de cómo superar los "enclaves" o legados de las dictaduras, lo que obligaba a ir un poco más allá de la simple –o no tan simple– formulación de tipo "institucional". Es decir, implicaba tener que enfrentar problemas más complejos de reconstitución de actores sociales, por ejemplo, o del modelo de organización económico de esas sociedades.

Entonces, el problema planteado allí es cómo se resuelven los *desafíos* –para usar el título de este panel–, cómo se resuelven las *herencias* de las dictaduras y cómo se consolida y se asegura que no haya una regresión autoritaria. Eso llevó, más allá de las transiciones mismas, a la formulación de coaliciones que de alguna manera fueron de tipo "defensivas"; incluso coaliciones que podían no ser de gobierno, pero en las que había algún consenso fundamental en torno a evitar las regresiones autoritarias y superar los enclaves o herencias de las dictaduras. Y mientras esto ocurría, mientras discurría este primer momento, se estaban despertando nuevos fenómenos. Un poco antes, un poco después en cada país. Por ejemplo, el tema de la globalización, anunciado a comienzos de los '90 con la gran protesta mexicana de Chiapas, que es lo que lleva al momento de democratización mexicano propiamente tal. O, por ejemplo, el tema de las reformas neoliberales, incluida la expansión –asociada en parte al neoliberalismo- de temas de individualidades e individualismos, pero al mismo tiempo de nuevos actores sociales: básicamente preguntas por la identidad, la pérdida de referentes ideológicos, etc. Estos fenómenos que se dan en ese primer momento, a veces en forma embrionaria y otras veces de forma más desarrollada, van a ser recogidos en cierto modo en una pregunta que se había hecho una década atrás Francisco Weffort, y que estaba anunciada también en el famoso musical: "¿era para esto?". Es decir, desde aquel momento comienza la idea del desencanto, que había sido planteada, como decía, de manera seminal por Weffort a comienzos de los ´80 con la pregunta: "¿cuál democracia?". La cuestión ya no era si se trataba de democratizar o no: estaba claro que a la dictadura se responde con democracia, pero ¿de qué democracia hablamos? Esto es lo que va a recoger también como inquietud, más adelante, el PNUD en su famoso informe "Hacia una democracia para ciudadanos", haciendo ver que lo que en América Latina había ocurrido era una recuperación democrática en términos fundamentalmente de democracias electorales. Algunos les llamaban a esas democracias "delegativas", otros las llamaban de otras maneras, pero se tenía la conciencia de que aquellas democracias no eran democracias ciudadanas.

De modo que lo que queda planteado, y esto es lo que yo llamaría el segundo momento, tiene que ver con la idea de que detrás de las transiciones –"detrás" no es una buena expresión-, en el fondo, atravesando los procesos de democratización o de democracia política, había una cuestión mucho más compleja, que tenía que ver con la reformulación de las relaciones entre Estado y Sociedad en cada uno de estos países. Y estaba claro que la mera –y la "mera" no es poco, digamos- reconstitución o recuperación democrática (o generación, o incluso fundación en aquellos países que no la habían vivido antes) no resolvía esta cuestión. Algo en las sociedades se había quebrado, y no era únicamente por la dictadura; en ese sentido, no era sólo la "respuesta democrática" a la dictadura la que podía resolverlo.

Este problema tiene que ver con lo que algunos formulan como la generación de un "nuevo pacto social". Yo, como creo que, en general –a diferencia de lo que piensan los filósofos- nunca hay pacto social y siempre hay imposición, hablo de "nuevas relaciones entre Estado y Sociedad". Y eso es lo que quedó planteado como el gran tema que en algunos países, en algunas sociedades, alcanzó una dimensión fundacional. Esto es claro -y de eso sabe mucho más el colega Fernando Mayorga, por supuesto- cuando Evo Morales dice: "nuestro problema no es la última dictadura, no son tampoco los últimos veinte años, no es tampoco el problema de lo que ocurrió con la revolución del cincuenta y dos, no es el problema de la independencia, es un problema de quinientos años". Y entonces, para mostrar esto, emblemáticamente se hace inaugurar en la montaña y no en el Parlamento; y Bolivia inicia un proceso de construcción de un Estado Multinacional. A uno puede gustarle o no gustarle, estar de acuerdo o no estar de acuerdo -en mi caso no estoy muy de acuerdo-, pero quiero decir, lo que uno no puede negar es el carácter *fundacional* que eso tiene, así como también lo tiene el caso —a mi juicio- venezolano con Chávez. Tiene una dimensión fundacional más discutible -pero la tiene- el caso brasileño a través de la Asamblea Constituyente, que uno puede verla solo como parte de la transición pero también puede verla como algo más. Y, de hecho, de ahí para adelante la estructura de partidos en el caso brasileño pasa a ser algo totalmente distinto de lo que había sido antes. Yo creo que —de nuevo, independientemente de las posiciones que se tengan al respecto- en el caso argentino, después del "Que se vayan todos" hay también un proceso de tipo refundacional —exitoso, abortado, etc., no es el tema que me preocupa-. Lo que digo es que hay un paso a otro momento. Los países en general, yo diría que con la excepción de Perú y Chile, y con una no sé si excepción -porque es más complejo- que es el caso uruguayo, que de algún modo no necesitaba un salto. En la medida que se trataba, sin duda, de la democracia más perfecta... yo diría no sólo de América Latina sino, probablemente, una de las más perfectas del mundo. En general, en todos los países se dio un salto. Este salto es el salto a una nueva forma de relación entre Estado y Sociedad que replanteaba el tema -a mi juicio- de la democracia, y que replanteaba también el tema de cuáles son los sujetos fundamentales de esa democracia.

Mi impresión -esto es siempre muy discutible- es que uno podría decir que hay tres grandes modelos en ese momento —un poco antes, un poco después - que se disputan la construcción de esta nueva relación entre Estado y Sociedad. Por un lado, y en ese sentido las tipologías son siempre muy arbitrarias (y la mía especialmente arbitraria por los países que voy a poner en los mismos casilleros, pero soy sociólogo y no cientista político), yo veo que hay una enorme similitud, por ejemplo, entre el caso venezolano, el caso uruguayo y el caso chileno. Y alguien me podría decir: "¡Es una locura!". No, no lo es, porque en estos tres casos se trata de la reconstrucción de la relación Estado-Sociedad desde la política. Ya sea desde la política personalizada, que convoca y que moviliza, ya sea desde la política institucionalizada de partidos. Es evidente que en el caso uruguayo, independientemente de cuál sea el partido que esté en el gobierno, el principio organizador de la sociedad son los partidos. Y el principio organizador en el caso chileno, con un sistema institucional mucho más imperfecto, también son los partidos. Eso explica en parte la continuidad de los partidos políticos, pero también en el caso chileno de los mismos gobiernos (los cuatro gobiernos de la Concertación). Ahora bien, en estos modelos podríamos decir que hay dos variantes: la variante que yo decía era más personalizada, y la variante más institucional, más partidaria. El gran problema de la variante personalizada es lo que ocurre hoy, es decir, lo que ocurre a la muerte del líder. Es una complejidad que la cadena equivalencial dependa al final de un líder, que sea personal, porque entonces a la muerte del líder ocurren todos los problemas, empezando por el problema institucional. Y, por otro lado, el gran problema que tiene la variante más partidaria se expresa en el caso chileno -a mi juicio muy claramente-: es la incapacidad de los partidos que se constituyeron en torno a determinados clivajes (derecha-izquierda y posteriormente autoritarismo-democracia) de dar cuenta de los nuevos clivajes y fraccionamientos producto de esas transformaciones que la sociedad había ido viviendo desde tiempos de las transiciones democráticas. Entonces, ahí tenemos los problemas en este primer modelo.

Un segundo modelo es el modelo "societalista", la reconstrucción de las relaciones Estado-Sociedad desde la misma sociedad. Y aquí está, por un lado, la variante boliviana, donde el "nosotros" se construye desde un principio étnico. Es decir, el "nosotros" comunitario es el que constituye el "nosotros" nacional-estatal, con todos los problemas que eso trae aparejados. Y, por otro lado, una variante que no existe en ninguna parte propiamente como tal, pero que creo que ha tenido mucha influencia, que es la llamada "sociedad civil" o el "movimientismo". Un poco el modelo, si ustedes quieren, de los foros sociales. Esta es una forma de reconstrucción de las relaciones Estado-Sociedad desde la misma sociedad, con enorme desconfianza -en su fórmula pura- hacia la política y hacia el Estado, y por eso con muy poca presencia, por ejemplo, en los mismos gobiernos. Sin embargo y sobre todo, con enorme influencia a nivel transnacional-global.

El último de estos modelos es el modelo "tecnocrático", de derecha si ustedes quieren, tecnocrático de mercado. La sociedad se reconstruye desde un mercado regulado por el Estado a través de políticas focalizadas, dirigidas por expertos cuyo problema fundamental es la intromisión de decisiones que no vengan del campo del mercado y del conocimiento experto, a todo lo cual se le llamará "populismo".

Mi impresión es que en estos diferentes casos quedaron planteados -en este segundo momento de tipo fundacional- algunos problemas para la democracia que no tenemos tiempo de analizar en todos sus detalles, pero que al menos puedo mencionar. Uno tiene que ver con el tema del nivel de "democratización" de las instituciones. Es decir, el hecho de que, aunque se tenían instituciones democráticas, éstas podían no asegurar los principios de representación, y menos el nuevo principio que surgía de participación. ¿Hasta qué punto, por ejemplo, la institución del Poder Judicial era una institución realmente democrática? ¿O era un poder fáctico *de jure* en los distintos países? Por otro lado, existía el problema de los "poderes fácticos", que sin ser institucionalizados podían mandar en una sociedad: por ejemplo, cadenas de diarios que definen la agenda de un gobierno -ya sea lo que el gobierno haga o lo que el gobierno no haga-. Por supuesto hay otros poderes fácticos, no son sólo los medios de comunicación, y no tenemos mucho tiempo de referirnos a ellos; pero es evidente que los poderes financieros, en un primer momento el poder militar –yo creo que hoy día ya no lo es-, y esto plantea un problema a las democracias que tiene que ver con la relevancia. Es decir, ¿hasta qué punto las democracias son el mecanismo o el régimen político donde la población, convertida en ciudadanía, toma las decisiones relevantes a través de sus representantes elegidos en el Estado? Ahí quedan planteados, a mi juicio, los desafíos principales que enfrentaban las democracias en este segundo momento.

Mi reflexión final sería, entonces, una hipótesis (o duda): ¿no estamos en un momento de agotamiento del segundo momento, del momento "fundacional"?. Ya llevamos, en algunos casos diez años, en otros casos más, de estos gobiernos refundacionales "societalistas", "politicistas" o "tecnocrático-mercantiles". Y lo que uno ve son "estallidos" de distinto tipo, que resulta que están ocurriendo en aquellos lugares donde hubo modelos fundacionales relativamente exitosos -en el sentido de que lograron implantarse consensualmente-. Eso lo vemos con los estallidos de movilizaciones, lo vemos también con problemas que se plantean a la muerte de Chávez, etc. Entonces, pareciera ser que esos modelos fundacionales están perdiendo su ritmo, y que su legitimidad tiene cuestionamientos incluso desde la misma sociedad y desde sectores que apoyaron esos mismos modelos. Está el caso argentino de la crisis de los últimos días –o semanas-, está el caso de Brasil, está el caso de Venezuela con la muerte de Chávez, está el caso boliviano en un aspecto muy específico que fue la manifestación contra la carretera del Tipnis, están las movilizaciones estudiantiles en el caso chileno.

Ahora, a mi juicio esto se caracteriza por una doble ruptura, y el desafío de la democracia hoy día es un desafío frente a esta doble ruptura. La primera es una ruptura un poco burda, que es la ruptura entre lo político y lo social. La desconfianza de lo político no deja de ser interesante, porque precisamente en el modelo que todos admirábamos y que –desde la derecha hasta la izquierda- se consideraba el modelo ejemplar, que era el caso brasilero, hay un cuestionamiento radical a la política. Crítica que inclusive engloba a la Presidenta, lo cual genera un problema. Tradicionalmente, los partidos y las instituciones expresaron –bien o mal- a distintos actores de la vida social que cuestionaban, se oponían o demandaban al sistema político cambios que el sistema contestaba –bien o mal. Eso es lo que ocurre en Chile, por ejemplo, desde 2011, ¿pero qué es lo que ocurre hoy? Que la política está estrictamente dedicada a elegir sus candidatos para elecciones presidenciales, y esto funciona perfectamente bien; y por otro lado, todos los miércoles y jueves hay doscientas mil personas en la calle, y esto funciona perfectamente bien. Ya el movimiento no le pide nada al sistema político. Y uno puede, de alguna manera, reproducir este fenómeno en los otros casos.

La segunda ruptura me parece más complicada. Porque la primera llama a la idea de un sujeto político nuevo que implique una rearticulación de lo político con lo social: a formas participativas -por ejemplo-, a expandir la democracia al interior de las organizaciones políticas, etc. La segunda me es mucho más difícil de explicar, y quiero tomar dos frases de la prensa de hoy[104] para tratar de ilustrar lo que quiero decir. Una es la del canciller venezolano Elías Jaua, que en un momento en que se discuten problemas de microcrédito en una asamblea, le pregunta a la gente: "¿qué quieren ustedes?... ¿Papel toilette o la patria?" Y la otra es la columna de Romario en el mismo diario, en la que dice: "El fútbol no está por encima de la gente". Ahora, a mi juicio, no está hablando del fútbol…. está hablando del fútbol en Brasil. El fútbol en Brasil, organizar campeonatos mundiales y tratar de ganarlos, etcétera, es una causa nacional. Entonces uno se pregunta: "¿qué es eso?" Es la demanda de la gente por su calidad de vida, por sus derechos individuales, no por la construcción de lo social, de lo colectivo, que es

---

[104] 25/06/2013.

estrictamente –a mi juicio- lo que define a la democracia. Lo que define a la democracia no es la solución a los problemas individuales de la gente, sino una forma de organización del poder político y de la toma de decisiones. Por lo tanto, parece existir una ruptura en lo social entre el mundo de las demandas y de los derechos, y el mundo de la construcción de lo colectivo. Lo que nos lleva a la pregunta final, y al desafío fundamental. El *demos* de las sociedades latinoamericanas –no digamos de sus democracias porque no eran muy democráticas en aquella época- en la época "clásica" nacional y popular fue el *pueblo*. Ese *demos* fue reemplazado por la *ciudadanía* en las transiciones y en los regímenes democráticos. Pero, ¿cuál es el *demos* hoy? Hay quienes nos van a decir: "el *demos* es un nuevo sujeto-pueblo"; pero para que se constituya tiene que existir en cierto modo una negación democrática, que es el liderazgo personalizado. Y otros van a decir: "el *demos* es el conjunto de los individuos reclamando sus propios derechos", lo que algunos llaman "multitudes", que es un sujeto que no tiene representación y tampoco articulación, es "mi derecho". Entonces, para poner un ejemplo, yo exijo que la fuente de energía –o un basurero- no se ponga frente a mi casa porque quiero proteger mi jardín, pero no me importa que se ponga en la comuna de al lado.

Me atrevería a decir que estamos en un proceso muy complejo de descomposición -distinto al de otras épocas- de aquello que fue siempre base de la democracia, la *polis*. Es decir, un espacio territorial donde una población toma decisiones relevantes a través de sus representantes en el Estado. Y el reemplazo de esto por fórmulas como las que se van a discutir o se discuten en este seminario, que tienen que ver con nuevas formas de sociabilidad relacionadas con las tecnologías de la información, ponen en tela de juicio esta idea. ¿Cuál es el *demos*? Somos los que estamos comunicados. Ese es, a mi juicio, el panorama –y el problema- que se plantea hoy en día.

II. Gerardo Caetano

Agradezco mucho a los organizadores esta invitación a exponer sobre este tema, precisamente en este contexto tan desafiante dominado por el impacto que todos hemos sentido frente a las grandes movilizaciones en curso en Brasil. En verdad si el tema de la Mesa resulta siempre convocante -*Los desafíos de la democracia en América Latina*-, los ecos de la coyuntura más actual le otorgan un sentido de interpelación especial. Estas últimas tres semanas de movilizaciones en Brasil, con un protagonismo muy especial de los jóvenes y con varios rasgos singulares nos aportan una serie de temas para nuestra agenda de discusión, pero también muchas incertidumbres que hay que reconocer y plantear con la mayor honestidad. Estamos hablando de un movimiento, las protestas que tienen apenas veinte días, movilizaciones que comenzaron en San Pablo convocadas por el *Movimiento Passe Livre* en rechazo al aumento de veinte centavos en el precio del transporte público, y que luego se multiplicaron de forma exponencial, lo que desembocó en un crisol de demandas hacia el sistema político y el Estado. Es todo muy reciente y los procesos se encuentran todavía en pleno curso, pero tienen la virtud de expresar un momento en el que convergen múltiples desafíos. Miraré esto desde una atalaya especial, que es la atalaya uruguaya, que vamos a ver si puede servir en este momento tan desafiante.

Antes que nada, lo primero que hay que decir tiene que ver con una cuestión de enfoque frente a la hondura de los desafíos planteados: como investigadores tenemos el imperativo de dar una respuesta diferente a la mera perplejidad frente a procesos tan novedosos y contemporáneos. Esta suerte de premisa, entre otras cosas, implica reducir la ambición de nuestros objetivos e instrumentos e ir hacia procesos de comprensión más concretos, por eso más desafiantes e incómodos. En ese sentido, nuestro Grupo de Trabajo[105], que ya hace varios años viene trabajando respecto de las mutaciones de la democracia y las nuevas formas políticas en América Latina, en este contexto de perplejidades varias puede presentar una virtud de su trabajo de los últimos años: la de haber desconfiado de una mirada solo normativa en lo que se refiere a la pregunta radical de qué era una democracia y qué podía conseguir en los actuales contextos de "giro de época". En primer término, se trataba de partir del registro de cierta agenda muy concreta y específica para establecer preguntas e indagatorias pertinentes. Con esta premisa, que siempre nos ha desafiado, se procuró vincular el análisis de los procesos políticos latinoamericanos con otros procesos de proyección global, evitar una mirada "latinoamericanista" respecto de América Latina, también evitar generalizaciones impresionistas y rápidas.

La masa crítica obtenida por el Grupo desde su trabajo de los últimos años nos puede aportar, por ejemplo, filtros conceptuales más rigurosos frente a esta idea tan presente en los escritos apurados de la prensa en los últimos días de suponer que las movilizaciones de la llamada *Primavera Árabe* y del *Movimiento 15-M* en España, hasta las recientes manifestaciones en Brasil y Turquía, pasando por el *Movimiento Ocuppy Wall Street* en EEUU y el *Movimiento Yo Soy 132* en México, todos esos fenómenos de movilización social contemporáneos signados por una interrelación dinámica entre Internet y política, son básicamente lo mismo. Este *mosaico de revueltas conectadas* de las que hablan autores como Toret o Castells involucran a otras experiencias menos reconocidas, lo que incorpora los casos de movilizaciones ocurridas en forma reciente a otros países como Israel, Inglaterra, Argentina, Chile, Francia, India, China, Alemania, Canadá, entre otros. Todas ellas tienen puntos de contacto pero también evidencian particularidades. Ni siquiera parece sensato hablar *urbi et orbi* sobre lo ocurrido en América Latina.

---

[105] Grupo de Trabajo "Ciudadanía, organizaciones populares y representación", del Consejo Latinoamericano de Ciencias Sociales (CLACSO).

Nuestro grupo ha planteado justamente la necesidad de evitar interpretaciones impresionistas y generalistas, en procura de fundamentar registros y análisis que reseñen los parecidos y también las diferencias de estas movilizaciones como claves fundamentales para indagar en torno a los desafíos contemporáneos respecto a las mutaciones de la política y la democracia. Nosotros como Grupo tenemos desde hace tiempo una agenda que se focaliza en el estudio de las nuevas formas políticas, los nuevos pliegues de lo que se han llamado las "democracias continuas", las "democracias de audiencia", las "representaciones contenciosas", las "ciudadanías contingentes e inestables", la crisis de los partidos, las nuevas formas populistas, los renovados debates sobre la participación, la representación y la comunidad, el nuevo papel de las ideas –tan abandonado como objeto de estudio- en términos de construcción y reinvención democrática, los usos políticos del lenguaje, las reformulaciones inherentes a la teoría democrática, los nuevos lugares de la política, el espacio de las redes, de la tecnosociabilidad como instrumento identificador de la nuevas formas de acción y de concepción de la política por parte de los jóvenes, de los descentramientos de la política, etc. Nuestro Grupo –sin autocomplacencias- ha trabajado desde hace tiempo sobre esta agenda que partía de un registro no generalizador, no impresionista, no normativo. Desde la focalización analítica sobre estos nuevos temas se buscaba responder a estas interpelaciones de esas novedades que se advertían –de manera más o menos incipiente- en los procesos políticos del continente. Y pudimos ver el avance de fenómenos que hoy aparecen como novedades rutilantes entre otras cosas porque no cedimos a la tentación de la mirada normativa, pero tampoco a esa invocación algo irresponsable a una suerte de celebración de la mera perplejidad. Considero que ese fue un rumbo certero. Y hay que continuar en esa línea.

En relación directa a las movilizaciones referidas de estos últimos años, esa premisa analítica que antes señalábamos nos permite registrar el parecido de algunos aspectos de las movilizaciones recientes en Brasil con otros movimientos similares del pasado más reciente: **a)** son movilizaciones que trascienden a los partidos y a los sindicatos y que a menudo desconfían de los medios hegemónicos de comunicación de masas; **b)** se proyectan a través de la integración en las redes sociales digitales y se expresan a menudo en asambleas populares como ejes referenciales de deliberación colectiva; **c)** exhiben un fuerte protagonismo de los jóvenes, familiarizados con las tecnologías de información y comunicación de internet; **d)** presentan liderazgos difusos, con presencias circunstanciales, operativas y no definitorias para los movimientos; **e)** se destacan por la fuerte expansión sinérgica de sus protestas en el espacio urbano, siguiendo los mismos patrones de los fenómenos virales de difusión en internet; **f)** reivindican con orgullo una autonomía operativa, desde el establecimiento de redes de inteligencia colectiva signadas por la autorreflexibidad; **g)** por último, expresan un fuerte rechazo a las instituciones, percibidas como la materialización de un esquema disonante entre la voluntad de la mayoría de la población y las decisiones que se toman en una cúpula del poder. [106]

Si los parecidos son concluyentes, las singularidades, incluso en el terreno más específico de América Latina no lo son menos. Mirando el continente a través de las interpelaciones de este tipo de movimientos que hoy detonan en Brasil, puede confirmarse de manera enfática que las articulaciones tradicionales que anudan los procesos políticos en los países del continente mantienen y hasta profundizan sus complejidades específicas. Para solo mirar a América del Sur: se podría decir que están los llamados procesos "refundacionales" de Bolivia, Venezuela y Ecuador; están los procesos más "clásicos" de Uruguay, Brasil, Chile; están también los signos de interrogación de la Argentina y también en algún sentido de Perú y Colombia. A medida que se profundiza la investigación en cada uno de estos casos, se ve que las movilizaciones de protesta más recientes son mucho más complejas que lo que narra por lo general la prensa y que su análisis serio no resiste las visiones impresionistas ni las generalizaciones. Entonces, quiero enfatizar y reiterar que aquí radica una buena pauta, que es metodológica pero que también es teórica, porque nos vuelve a persuadir de que la metodología es siempre "teoría en acción": hay que evitar las generalizaciones impresionistas, los esquemas globalizadores *urbi et orbi*, que plantean grandes explicaciones que incluso pueden ser muy atractivas pero que terminan simplificando procesos que son mucho más complejos.

En esta línea de indagatoria, hay un tema que me gustaría proponer y que de alguna manera aparece como destacado a la hora de registrar y analizar los desafíos contemporáneos para la democracia en América Latina:

---

[106] Estas referencias son tributarias del trabajo de Federico Caetano, *"El despertar de lo público en el país del fútbol. Politicidad y juventud en la era de la tecno-sociabilidad: el caso de Brasil"*, Montevideo, 2013.

me refiero a la "nueva política" de los jóvenes, esa politicidad renovada que se advierte en sus acciones colectivas pero también en sus concepciones acerca de la democracia y sus formas. Hace algún tiempo, en su análisis sobre los cambios de la política en el "nuevo capitalismo", más de un autor reflexionaba sobre las grandes posibilidades de la desaparición de los jóvenes como un actor político, como un agente de construcción política. Se perfilaba de ese modo la idea de que esas nuevas claves económicas del capitalismo informático y financiero promoverían una nueva política e incluso una nueva democracia en la que los jóvenes como colectivo no configurarían un actor influyente, como sí lo habían sido en otros momentos de la historia de los países latinoamericanos por ejemplo. Como se puede ver hoy, en estos tiempos de vértigo debe imponerse una mayor cautela a la hora de los pronósticos, que con frecuencia se promueven tan rápidamente como se disuelven.

Hace ya algunos años se publicó por parte del PNUD un informe de Desarrollo Regional centrado en el tema de *"Juventud y desarrollo humano en el Mercosur"*. Formé parte del Consejo Asesor de dicho Informe y una de los aspectos más novedosos que contenía era la hipótesis sobre la emergencia de una "nueva politicidad" entre los jóvenes. Los convoco a que relean este informe y sus conclusiones a la luz de lo que estamos viendo en general América Latina y de manera muy particular en relación a las grandes movilizaciones de estos días en Brasil. En el momento de su publicación, esta indagatoria (dirigida por Fernando Calderón) ponía su foco sobre sesenta y tres millones de jóvenes en un MERCOSUR que tenía más o menos doscientos treinta millones de personas, es decir, un 27% de la población. De ellos aproximadamente cincuenta millones estaban habilitados para votar y unos nueve millones lo hacían por primera vez. Concentraban más de un tercio de la población económicamente activa, en su gran mayoría estaban alfabetizados y ya por entonces más del 40% de aquellos –hoy ese porcentaje debe ser francamente superior- que habitaban las grandes urbes se conectaban a Internet más de una vez por semana. Constituían como grupo un sector con fuertes niveles de exclusión: presentaban una tasa de desempleo urbana dos veces mayor a la tasa promedio; al menos dos de cada cinco trabajaban en el sector informal de la economía; uno de cada cinco ni estudiaba ni trabajaba; y sufrían una tasa de suicidio casi dos veces superior a la tasa de suicidio de la población adulta. Presentaban un alto nivel de exposición a los problemas de inseguridad: según los datos de este Informe, un joven latinoamericano tenía una probabilidad treinta veces mayor a la de un joven europeo de ser víctima de un homicidio. Esta probabilidad ascendía a setenta veces superior en países como Grecia, Hungría, Inglaterra o Austria.

La tecnosociabilidad era ya por entonces el principal referente identificatorio de los jóvenes mercosureños. Este rasgo resultaba decisivo en la definición de sus nuevos lenguajes de comunicación, influía de manera determinante en sus modos de articulación con la familia, los institutos de enseñanza y el barrio, al tiempo que su proclividad a la aceleración de su disposición y aptitud para la conectividad eran manifiestas. Cuando el estudio buscaba -sobre la base de enfoques particulares- el tema de los rasgos de la "nueva política" entre estos jóvenes del Mercosur, surgían algunos elementos de gran interés. A partir de su inserción dentro de una plataforma cultural claramente ambivalente −"más libertad y menos seguridad"-, su concepción y sus modos de acción frente a la política se traducían en lo que el Informe calificaba como "estrategias adaptativas, no conservadoras ni nostálgicas". Se combinaba por ejemplo un grupo muy mayoritario −nueve de cada diez− de ellos que decían que creían que progresar era posible a partir del esfuerzo propio y de la educación; sin embargo, entre cuatro y seis de cada diez (según el país) creía que le sería difícil conseguir un empleo adecuado para progresar. En esa ambivalencia se asentaba una nueva politicidad y una concepción diferente de democracia respecto a la que sostenían sus mayores.

Ya por entonces resultaba una constante que la tecnosociabilidad constituía su principal herramienta de movilización. En ese marco, su visión de la política presentaba orientaciones singulares como grupo, ciertamente diferentes a las de las generaciones de mayores que concentraban el poder político en todas sus dimensiones. Sus maneras de articulación entre lo individual y lo colectivo resultaba bien distinta a la de sus mayores: preferían las acciones "micro", locales, concretas y episódicas; valorizaban mucho más los proyectos colectivos de corto plazo; tendían a desconfiar de las convocatorias prioritariamente ideológicas y canalizadas en clave institucional. Ostentaban una fuerte sensibilidad frente al tema socioambiental; una caracterización de redes y movimientos con fuerte afirmación identitaria; una fuerte proclividad con proyectos y grupos culturales; perfilaban una sensibilidad "alterglobalizadora" con críticas al consumismo y a la política tradicional. Denunciaban actitudes represivas y discriminatorias de la policía para con los jóvenes y se manifestaban más bien escépticos en torno a los políticos y con una mejor valoración de las organizaciones de la sociedad civil. En ese marco, dos tercios de ellos manifestaban que las políticas públicas orientadas a los jóvenes eran muy insuficientes y requerían cambios sustantivos.[107]

Obsérvese la clara correspondencia de los perfiles anunciados en este Informe del PNUD sobre las orientaciones políticas de los jóvenes del Mercosur y los rasgos que se advierten en las movilizaciones sociales más actuales. Y téngase especialmente en cuenta esa visión fuertemente crítica respecto a la demanda de más y mejores políticas de jóvenes: se registraba –con claridad y también con razón- que las prioridades de las políticas públicas no pasaban por la consideración principal del colectivo de los jóvenes. En sus trabajos sobre la juventud iberoamericana[108], autores como Martín Hopenhaym hace muchos años que vienen advirtiendo sobre las fuertes implicaciones en diversos planos de tendencias paradójicas que se focalizan sobre el colectivo de los jóvenes en nuestros países: la gran capacidad de adaptación de las nuevas generaciones a los nuevos paradigmas tecno-económicos contrastantes con una sobrerrepresentación de los jóvenes en los porcentajes de desocupación; un endiosamiento de los valores y símbolos vinculados con la juventud, coincidente con una sospecha instalada y creciente que penaliza a los jóvenes realmente existentes; una mayor sensibilidad juvenil frente al consumo simbólico que choca con sus mucho menores posibilidades de consumo real; entre otros.

Volviendo entonces al tema del desafío de las mutaciones de la democracia en América Latina, ¿no tenemos en primer lugar aquí un tema contundente que no ha estado en nuestra agenda de investigación y que en los procesos de construcción democrática ha sido a menudo un tema ausente? ¿No tenemos en estas movilizaciones de protesta protagonizadas en buena medida por jóvenes la confirmación de que en el diseño y la implementación de las políticas públicas en los países de la región, los jóvenes han sido los grandes invocados pero generalmente también los más ausentes? ¿No son estos tópicos factores insoslayables para entender primero y luego intentar reorientar de modo virtuoso las mutaciones en curso en nuestras democracias? Más allá de que los sucesos de Brasil se entremezclan

---

[107] Todos los datos señalados provienen de PNUD (2009) Informe sobre desarrollo humano para Mercosur 2009-2010. Innovar para incluir: Jóvenes y desarrollo humano. Latingráfica Buenos Aires.

[108] Cfr. por ejemplo Martín Hopenhaym (2004), *"La juventud en Iberoamérica. Tendencias y urgencias"*. Santiago de Chile, CEPAL y OIJ; entre otros trabajos del mismo autor.

un cúmulo de factores y que de modo alguno hay que orientarse hacia explicaciones privilegiadas, ¿no es este tema de los jóvenes y sus nuevas demandas y visiones, un asunto en varios sentidos pendiente en la agenda de gobierno del Partido de los Trabajadores en Brasil? Un gobierno petista sin duda exitoso, que en diez años saca de la pobreza a cuarenta millones de personas, que además lo hace disminuyendo los índices de desigualdad en un país ancestralmente desigual, en el marco de una economía emergente que se ha convertido en la sexta o séptima del mundo, ¿no tiene aquí una interpelación válida que debe reconocer y responder?¿La perplejidad reinante tiene que ver con que las movilizaciones de protesta se hayan producido o con el hecho de que esto haya ocurrido *tan tardíamente*? ¿Dónde debiera estar el centro de la perplejidad? Tanto a la izquierda como a la derecha, tanto en los países con gobiernos "refundacionales" como en los países con gobiernos más "socialdemócratas", creo que una buena manera de entender mejor las mutaciones de nuestras democracias tiene que ver con el desafío de comprender más y mejor esa nueva política de los jóvenes. Y contribuir a que los gobiernos y los demás actores de la política actúen en consecuencia. De ese modo, tal vez, podríamos recuperar como investigadores esa persuasividad que siempre tiene el hablar de lo concreto.

III. Fernando Mayorga

Para exponer la situación de la democracia en América Latina me referiré a los denominados regímenes "refundacionales" en la región andina, esto es, los casos de Ecuador con Rafael Correa, de Bolivia con Evo Morales y de Venezuela con Hugo Chávez.

Mi punto de partida es abordar tópicos convencionales como la representación y la participación políticas porque son tópicos que invitan a confrontar y comparar las democracias de manera permanente. Los modelos de democracia en esos países están en una búsqueda de equilibrio en la relación entre representación y participación, una relación que también se presenta como un dilema. La representación nos plantea el tema de las mediaciones políticas -ya sean líderes carismáticos, ya sean instituciones partidarias-, y la participación nos plantea el tema del ejercicio de ciudadanía desde los derechos individuales, no obstante también implica la participación colectiva a través de vías corporativas o ciudadanas.

Antes de abordar los casos mencionados, será necesario referirme a la situación política en Brasil porque en el transcurso del año 2013 puso en evidencia, precisamente, este dilema entre representación y participación. Cuando la presidenta de Brasil declaró "vamos a escuchar a la calle", estaba diciendo que darían curso a una serie de demandas ciudadanas planteando su canalización institucional a través de un mecanismo de democracia participativa. La propuesta de Dilma Rousseff sobre un "pacto nacional" para responder a las demandas sociales se tradujo en el planteamiento de un plebiscito -que luego fue desechado- que incluía en la agenda gubernamental no solamente respuestas a las demandas de los estudiantes sobre las tarifas de transporte o de mayor inversión en educación, también era una respuesta a las demandas de reforma política que exigían ampliar los canales de participación ciudadana y la labor de los partidos políticos mediante un cambio constitucional. Acudo a este ejemplo para resaltar que frente a un movimiento de protesta sin sujeto social definido, sin vanguardia ni canales institucionales y que se había iniciado por la acción de un grupo de estudiantes surgió una iniciativa de canalización política por parte de la presidente brasilera –lo que, además, está mostrando la debilidad representativa de los partidos políticos– para evitar que esta protesta sea la anticipación de una crisis política más grave. Como las agudas crisis que -en el caso venezolano, ecuatoriano y boliviano- provocaron que las reformas políticas deriven en profundas reformas estatales a través de procesos constituyentes de carácter refundacional. Es decir, en los tres casos nacionales la crisis de representación, a partir de demandas ciudadanas y populares insatisfechas, se tradujo en el derrumbe del sistema de partidos tradicionales y en el surgimiento de fuertes liderazgos carismáticos que condujeron procesos de reforma estatal a través de asambleas constituyentes. Esa es la relación entre el caso brasileño y estos procesos "refundacionales", es decir que hubo un intento de la presidenta brasileña para evitar una agudización de la crisis de representación política mediante la apelación a una institución de democracia participativa.

Para el caso de Bolivia, Venezuela y Ecuador esbozo un par de ideas que insisten, básicamente, en que la retórica "participacionista" que invocan los partidos de gobierno y sus líderes no trastoca las fronteras de la democracia liberal, no llega a transgredir ni superar a la democracia representativa, tampoco la cuestiona de manera decisiva. Es decir, minimizo de cierta manera el efecto "refundacional" de los procesos políticos en estos países pese a que –insisto- se trata de casos de transición y reforma estatal. Este último aspecto es decisivo porque, a diferencia de otros países donde las transformaciones en la economía o en la política se han producido o se dan de manera incremental, en estos tres casos nacionales la reforma estatal se produjo a través de procesos de reforma constitucional relativamente radicales que culminaron en la fundación de nuevos modelos estatales.

En este balance dejo a un lado la mirada dicotómica que existe respecto a la democracia en América Latina y que opone unos casos que son definidos como "populistas" porque sus regímenes expresan un supuesto déficit en institucionalidad democrática, respecto de otros casos que son considerados "modernos" o "institucionalizados" porque tienen sistemas de partidos sólidos y existe supuestamente plena vigencia del Estado de derecho. Al respecto, Manuel Antonio Garretón hizo una acertada clasificación sobre los modelos políticos en la región así como una comparación de casos nacionales al margen de esta dicotomía tradicional, la cual empero sigue prevaleciendo en la mayoría de los análisis sobre los regímenes refundacionales. Con todo, me interesa destacar en relación al tema que nos convoca y que se refiere a las mutaciones en la democracia que en Bolivia, Ecuador y Venezuela no solamente se produjo una mutación de régimen político, también se transformó la matriz socio-política. Esto implica -y recupero otro de los aportes de Manuel Antonio Garretón– reflexionar sobre los procesos políticos en términos de transición estatal, es decir resaltando los cambios sustantivos en las relaciones entre Estado, política, economía y sociedad. No obstante, pensando en términos de régimen político –y enfocando la mirada en la democracia- considero que las transformaciones políticas no son tan radicales como se plantea desde una posición crítica hacia estos regímenes, una posición crítica que termina enfatizando su análisis en los rasgos autoritarios de estos gobiernos y desdeña los cambios en la matriz socio-política. Precisamente, me concentraré en algunos elementos para reforzar esta idea.

En primer término, en los tres países se han producido cambios en la matriz socio-política, no solamente en el régimen político. Me refiero al retorno de la centralidad del Estado en la economía, al Estado como agente protagonista en la economía. En los tres casos nacionales, casualmente pero no de manera circunstancial, existe cierta dependencia de los ingresos por exportaciones de materias primas que le otorgan al Estado una enorme disponibilidad excedentes económicos para ejecutar acciones distributivas y redistributivas a través de políticas sociales. Esas políticas generan inclusión social y reducen los niveles de pobreza, así como la brecha en desigualdad social. Es decir, existe un renovado rol económico del Estado ligado a políticas redistributivas, un hecho que explica –en parte– el respaldo electoral de los sectores populares a los gobiernos. Eso explica también por qué en los tres casos se produjeron situaciones de reelección presidencial y consecutivas victorias electorales.

En segundo término, el retorno de la centralidad del Estado está basado en una aguda crítica a los partidos tradicionales y en la decisiva presencia de liderazgos carismáticos que, a mi juicio, han renovado el carácter del populismo latinoamericano (es un tema que voy a retomar al final de mi exposición puesto que me interesa resaltar el vínculo entre populismo y democracia en este nuevo ciclo histórico). Este tipo de liderazgo político generalmente suele comprenderse a partir del vínculo carismático entre un líder y sus seguidores. En los casos que analizamos se encarnan en las figuras de Hugo Chávez, Rafael Correa y Evo Morales, pero estos liderazgos no se explican sin la persistencia institucional del presidencialismo como régimen político; y destaco la persistencia institucional del presidencialismo porque este rasgo se mantuvo incólume a pesar de la profundidad de las reformas estatales aprobadas en las asambleas constituyentes. Éste es un aspecto que quiero resaltar porque se han producido refundaciones estatales y se han modificado los modelos de Estado con la fundación del Estado Plurinacional en Bolivia, la creación de la República Bolivariana en Venezuela y la transformación del Estado ecuatoriano con la "Revolución Ciudadana" y la confirmación del reconocimiento de su condición plurinacional. Estas transformaciones implicaron la ampliación de la representación política con la inclusión de nuevos actores y el incremento del grado de autonomía del Estado respecto a los poderes fácticos, tanto internos como externos, sin embargo mantuvieron el régimen presidencialista. Es decir, las profundas reformas constitucionales no sólo no modificaron el presidencialismo sino que lo reforzaron. Y el presidencialismo como herencia institucional se potenció aún más debido a la distribución de preferencias electorales que concentró la votación en los partidos de gobierno merced, precisamente, a la influencia de los liderazgos carismáticos. En suma, en los tres casos se forjaron mayorías absolutas, se produjo una concentración de poder y, por ende, se dieron reelecciones presidenciales. El resultado es una democracia con presidencialismo de mayoría, concentración inaudita del poder político y centralismo en la toma de decisiones. En estas circunstancias surgen los cuestionamientos a estos regímenes políticos por la escasa vigencia del Estado de derecho, es decir por la subordinación de los otros poderes del Estado al poder ejecutivo, en suma, el predominio del decisionismo presidencial.

Entonces, no se trata solamente de casos de liderazgo carismático como una manifestación de los atributos personales de Hugo Chávez, Rafael Correa y Evo Morales, se trata de un diseño institucional que se mantiene como herencia y se refuerza con la concentración de poder provocada por la distribución de las preferencias electorales. Si este es un elemento común a los tres casos, las diferencias se expresan en las manifestaciones de cada sociedad respecto a la legitimidad de las decisiones que toman los gobiernos. En el caso venezolano, el estilo político de Hugo Chávez provocó una inaudita polarización que todavía persiste después de su muerte, por ello la rutinización del carisma de Chávez se ha convertido en el principal desafío para el gobierno de Nicolás Maduro, también para la oposición política. En el caso boliviano, el decisionismo presidencial provocó el rechazo de algunos actores sociales que formaban parte de la coalición de organizaciones populares y sindicales que apoyan a Evo Morales, pero cuestionan y critican sus medidas. El ejemplo más notable fue la protesta social ante la construcción de una carretera en un parque nacional que es territorio indígena (TIPNIS) y que empezó con una decisión presidencial pero derivó en una ruptura entre el gobierno y algunas organizaciones indígenas y la postergación de la realización de esa obra. Es decir, la concentración de poder institucional no proporciona *a priori* mayor capacidad para la ejecución de las decisiones gubernamentales si es que estas carecen de legitimidad. Y en este punto es necesario retomar nuevamente los temas de representación y participación porque la representación política está centrada -en los tres países- en partidos de gobierno que dominan el escenario legislativo y sostienen un régimen presidencialista de mayoría, no obstante existen límites y restricciones al decisionismo presidencial por efecto de la participación ciudadana. Las restricciones ciudadanas al gobierno son menores en Ecuador y tienen mayor peso en Bolivia; y en ambos casos no existe mediación partidista opositora en la acción de rechazo a las decisiones oficialistas. En el caso venezolano se expresa en la polarización política en las urnas puesto que la oposición se unificó para enfrentar al oficialismo y frenar el proyecto chavista, empero no logró derrotar a Hugo Chávez, tampoco a Nicolás Maduro.

Ahora bien, en los tres casos nacionales existe una fuerte retórica participacionista, inclusive se manifiesta en un explícito cuestionamiento a la democracia representativa. En Venezuela se promueve –y se la define constitucionalmente- la "democracia protagónica", en el caso ecuatoriano uno de los ejes discursivos es la "revolución ciudadana", en Bolivia el modelo político se define como una "democracia intercultural". En los tres casos se incorporan instituciones de democracia participativa y directa; y en el caso boliviano además se reconoce a instituciones de democracia comunitaria, es decir normas y procedimientos de los pueblos indígenas para elegir autoridades y representantes, también para conformar gobiernos en unidades territoriales autónomas. Sin embargo, a pesar de las críticas a la democracia representativa, la legitimidad política se sigue definiendo a través de elecciones mediante el voto universal. Es cierto que existe una retórica participacionista, pero lo que sucede es –a mi juicio– un reforzamiento y una ampliación de la democracia representativa. Es decir, a pesar de que se plantea una democracia de nuevo cuño y pese a que hay nuevos sujetos sociales como protagonistas en el proceso político, se refuerza y fortalece la democracia representativa. Inclusive para dirimir situaciones de crisis, conflicto o polarización política se ha recurrido al mecanismo del voto ciudadano, ya sea para convocar a asambleas constituyentes y también para aprobar mediante referéndum las nuevas constituciones políticas, así como –en el caso venezolano y boliviano– llevar a cabo votaciones para dirimir revocatorias de mandato. Es decir, reformas y crisis fueron resueltas mediante canales institucionales, mediante pautas de la democracia representativa. Por eso insisto en que, más allá de la retórica, la democracia representativa sigue ocupando el centro de los modelos políticos en estos regímenes refundacionales aunque, obviamente, es una democracia enriquecida con la presencia de instituciones de democracia participativa y –en el caso boliviano- comunitaria.

Concluyo haciendo una breve mención a la relación entre populismo y democracia para plantear una hipótesis de trabajo. Es un tema que estoy encarando gracias a la riqueza de los diálogos en estos espacios académicos. Al respecto me interesa señalar que también es posible pensar en las mutaciones del populismo, no solamente en las mutaciones de la democracia. Así, considero que es posible plantear la existencia de tres momentos históricos o ciclos del populismo situados que los describo de manera sucinta y esquemática. En los años cincuenta del siglo XX se inició el ciclo "populista clásico" que tenía como características centrales a Estados intervencionistas y liderazgos fuertes -v.gr. Juan Domingo Perón, Getulio Vargas, Velasco Ibarra- pero con una débil apelación a las formas democráticas, sobre todo a las de carácter democrático-representativo. El segundo ciclo populista se dio en los años noventa -denominado "neopopulismo" con Carlos Menem y Alberto Fujimori como sus expresiones nítidas- y se caracterizó por liderazgos presidenciales fuertes asentados en la democracia representativa, con cambios constitucionales e intentos de reelección, pero con discursos neoliberales y prácticas anti-estatistas proclives al mercado. El tercer ciclo corresponde al siglo XXI y lo defino preliminarmente como "populismo democrático" para referirme a los casos de Bolivia, Ecuador y Venezuela y se caracteriza por liderazgos fuertes asentados en democracias representativas ampliadas, y por el retorno de la presencia estatal en la economía asentado en un discurso antineoliberal. Es decir, en este tercer ciclo populista se combinan el estatismo o matriz "estado-céntrica" del ciclo populista "clásico" y los elementos democrático-representativos del ciclo "neopopulista". Obviamente no estoy planteando una suerte de síntesis dialéctica, a lo Hegel, simplemente destaco que estos regímenes muestran esos rasgos. Es más, me atrevo a señalar que este nuevo ciclo populista posiblemente tiene que ver con una continuidad de las formas de la política en la región y es una modalidad de respuesta a la necesidad de equilibrio entre representación y participación que sigue siendo el desafío democrático de América Latina.

IV. Bruno P. W. Reis

Es casi cruel pedirle a un politólogo de Brasil que hable de los desafíos de la democracia en América Latina en estos días. En las últimas semanas, ha sido difícil hacer otra cosa que no fuera tratar de mantenerse al día con las noticias, intentar posicionarse personalmente, y –sobre todo– discutir en Facebook.

Por otra parte, mi discurso sería bien más protocolar y convencional, si no fuera así. Estoy muy agradecido a los organizadores del seminario por la generosidad de su invitación sorprendente y la oportunidad de tratar de organizar algunas ideas. (Especialmente aquí, en la institución que un día abrigó a Jorge Luis Borges.) Por lo tanto, es inevitable que me ocupe principalmente de lo que se ha observado en Brasil en los últimos años (no días...), aunque creo que los desafíos se aplican por igual a toda la región –y más allá de ella.

El principal desafío de la democracia en América Latina fue durante mucho tiempo, y en la mente de muchas personas, el desafío de producir una participación que se pudiera decir "auténtica", "autónoma" o algo que lo valga. Este ideal contrastaba a menudo con el diagnóstico de un sistema representativo tenido por oligárquico, vertical, autoritario y corrupto, conforme los énfasis de cada autor.

Hubo un tiempo en el que la izquierda no sólo rechazaba el valor, sino también la propia *idea* de la "democracia representativa". En la medida en que mantenía el protagonismo de una élite política, la representación no podría ser compatible con una democracia, si fuéramos apropiadamente estrictos sobre el significado del término. Por lo menos, se produciría una democracia viciosa, poco democrática al final, sobre todo si se la contrastaba con el valor y la presumible autenticidad de una "democracia participativa".

Tal vez ese recorte sea incluso anacrónico, y personalmente no me gusta. Pero referirnos a él puede ser importante para dar perspectiva a un esfuerzo para diagnosticar lo que sucede en América Latina y nuestros principales desafíos, objeto de esta ponencia.

Pues, en los últimos quince años, hemos sido testigos de una impresionante multiplicación de formas y canales de representación política en nuestras democracias, promovida por el ascenso al poder de diversos partidos o grupos políticos en gran medida exógenos al sistema de representación parlamentaria previamente existente.

La atención de la prensa extranjera y las inevitables modas intelectuales pueden haber convertido los casos de Lula y el PT en Brasil, así como Evo Morales y el MAS en Bolivia, en los ejemplos más visibles de una tendencia a la proliferación de canales de expresión más o menos institucionalizada de intereses de organizaciones civiles en la forma de consejos consultivos o deliberativos, foros de políticas públicas, "presupuestos participativos" etc. Seguramente, experiencias igualmente importantes han tenido lugar al menos en el Uruguay del Frente Amplio y en Ecuador bajo Correa. No me atrevo a especular sobre lo que pasa en todas partes, pero es posible que manifestaciones recientes del mismo proceso (más o menos intensas, más o menos institucionalizadas) se podrán identificar también en varias otras partes del continente.

Paradójicamente, esta institucionalización de nuevas formas de representación política fue aclamada por las mismas tendencias políticas que criticaban ayer la democracia representativa. Naturalmente, estas personas se inclinaron, a principios del proceso, a señalar una tendencia a superar la "democracia representativa" por un bosquejo de lo que algún día podría ser descrito como una verdadera "democracia participativa".

En fin, la insuficiencia de este encuadramiento es clara en este punto, e incluso la literatura que ve con simpatía a esos experimentos lo reafirma cada vez menos, después de haber reemplazado la reafirmación del ideal participativo por la discusión de las posibilidades de control democrático de los participantes (ahora convertido en nuevos tipos de representantes) bajo un proceso que ahora se presenta como "pluralización de la representación" (Gurza Lavalle *et al.*, 2006; Almeida, 2010).

El caso del PT - la analogía socialdemócrata[109]

En este marco, hay grandes similitudes con la experiencia socialdemócrata europea, que nos antecedió en casi un siglo.

En ambos casos, se trata de partidos exógenos al anterior sistema de representación electoral, con origen exterior a los parlamentos, poderosas bases laborales, y una considerable militancia civil. Con estos ingredientes, el éxito electoral significó, en ambos casos, la formación y la promoción de *nuevas élites políticas*.

Así se da que el eventual ascenso al poder termina produciendo - más o menos inevitablemente - innovaciones institucionales que propician a estas nuevas élites, exógenas, los espacios institucionales de que necesitan para poner en práctica su programa y ejercer el mandato obtenido en las urnas. Pues, cuando ascienden al poder, estos recién llegados tienden a encontrar los nichos de representación política, formulación de políticas y toma de decisiones ocupados por sus oponentes.

Me refiero no sólo a las bancas parlamentarias, sino sobre todo a los así llamados "anillos burocráticos" que conectan informalmente estado e intereses privados, y cuyo funcionamiento en la dictadura militar brasileña describió entonces Fernando Henrique Cardoso (1973). En un escenario como éste, es natural que el nuevo titular del poder se vaya a crear espacios que promuevan la representación de sus aliados en la sociedad civil organizada. En efecto, estos aliados requerirán que lo haga.

Irónicamente, la llegada de estos nuevos actores al poder se expresa inevitablemente, sobre todo, por la multiplicación de los órganos políticos representativos.

En este aspecto en particular, la reciente experiencia de América Latina no es tan distinta de la observada con el ascenso político de los socialdemócratas europeos, casi un siglo antes. Pues la presencia de estructuras institucionales de intermediación corporativista de intereses puede haber

---

[109] Retomo aquí ciertos pasajes contenidos en B. Reis, "Da Democracia Participativa à Pluralidade da Representação no Brasil", presentado en el *III Seminário Internacional de Estudos sobre o Legislativo: Desafios da Consolidação da Democracia na América Latina*. Brasilia, 13 de junio de 2013.

sido el principal legado político de la experiencia socialdemócrata en Europa (Reis, 1995).

En ambos casos, hubo los que quisieron desacreditar la experiencia como una cooptación de dirigentes civiles por los gobiernos. Sin embargo, esto siempre va en las dos direcciones. Los líderes civiles tratan de concretizar sus demandas en forma de políticas públicas, y los gobiernos tratan de mantener su posición por la cristalización de apoyo organizado en la sociedad. Lo que la oposición llama cooptación, los presumibles cooptados pueden legítimamente llamar "conquista": la realización de una demanda legítima por parte de un gobierno que le parece sensible a sus aspiraciones, y por lo tanto, por un aliado que deseen apoyar. En el lenguaje de Claus Offe, esta "cooptación" se manifiesta como un proceso de co-responsabilización de los actores civiles en cuanto a las políticas por las cuales han luchado (Offe, 1985).

Incluso la experiencia peculiar del llamado "presupuesto participativo" (PP, en Brasil) no deja de corroborar el diagnóstico. Más que la participación en sentido estricto, lo que se trata de promover con el PP es la consideración de los intereses de los grupos históricamente ausentes de la toma de decisiones – los habitantes de las favelas y suburbios de las grandes ciudades brasileñas. Tanto es así que cuando, desde 2006, la ciudad brasileña de Belo Horizonte implementó el Presupuesto Participativo Digital, se quintuplicó el número de votantes (desde cuarenta mil hasta doscientos mil), pero quedó en evidencia una reducción de la importancia relativa de los más pobres en el PP Digital – lo que produjo justificadas contestaciones (Nabuco *et al.* 2009: 151).

El episodio ha explicitado la justificación que en realidad puede validar el PP: no la creación de un canal para la manifestación espontánea (no mediada políticamente) de la población; pero, sí, la apertura de una posibilidad de manifestación a partes específicas de la población, habitantes de los barrios más pobres, que de otra manera enfrentarían dificultades particulares para ejercer influencia sobre el proceso presupuestario. Aludir a un ideal participativo puede haber sido quizás una racionalización fructífera, con sabor universalista, de un compromiso político específico –aún más en tiempos liberales, dados a eufemismos políticamente correctos.

Todos esos partidos, en América Latina como en Europa, al optar por la lucha electoral, se domesticaron, se movieron hacia el centro, firmaron acuerdos políticos, abandonaron cláusulas programáticas, se burocratizaron y, finalmente, se corrompieron de alguna manera. Pero, al final del día, incluso con toda esa dilución ideológica, hay que reconocer que tanto la socialdemocracia europea como los gobiernos latinoamericanos recientes tienen importantes resultados redistributivos para mostrar.

¿Qué lo ha producido? En ambos casos, creo que ha sido menos una conciencia programática o ideológica, y más la intensidad del vínculo orgánico y la dependencia de cada partido con asociaciones civiles –particularmente los sindicatos– que representaban a trabajadores manuales que ocupaban estratos relativamente bajos en la división social del trabajo.

Hoy

Pero más allá de lo "políticamente correcto", hoy vivimos también la erosión de la identificación partidaria en todo el mundo (Katz & Mair, 1995). E incluso para las personas que todavía la tienen, esa identificación ya no puede ser concebida como una especie de "correa de transmisión" por medio de la cual el partido lanza un lema, o una señal de movilización, y sus "bases" se lanzan prontamente en las calles, movilizadas para la lucha que su partido habría elegido.

Más bien, esta identificación significará solamente la orientación preliminarmente adoptada por un ciudadano ante una cuestión política cualquiera. Su *bias*, como se dice en inglés. Lo que conduce a las personas a las calles hoy en día, como puede verse dramáticamente en Brasil en las últimas semanas (así como en el Magreb, en Turquía, en España y tantos otros lugares) es la inducción descentralizada, "de abajo hacia arriba", llevada a cabo por redes de amigos o colectividades precariamente organizadas, desde las redes sociales en Internet.

Esto los lleva a las calles de manera increíblemente rápida, logrando en pocos días una movilización que tradicionalmente tomaría meses para concretizarse. Demasiado rápido, dicen algunos, ya que a menudo llegan a las calles antes de que tengan claro lo que quieren obtener allí. Pero pueden derrocar gobiernos aparentemente estables, como se vio de una forma sin precedentes y especialmente veloz en el caso pionero de Túnez.

En este contexto, no es de extrañar que estas movilizaciones tiendan a profesar una cultura refractaria a organizaciones, escéptica en cuanto a los partidos, hostil a los políticos – y a cultivar una profunda desconfianza de la *representación política*. Sería una reviviscencia irónica del ideal de la democracia participativa, ahora – en el caso de Brasil, por lo menos – movilizado contra aquellas mismas élites que un día (antes de que llegaran al poder, por supuesto) lo profesaban en plaza pública, en nombre de la sociedad civil (organizada), contra el mismo estado que ahora controlan.

¿El eterno enfrentamiento de las generaciones, solamente? No lo creo. Aunque sin saberlo, la generación anterior profesaba el mismo ideal tocquevilleano del "arte de la asociación", cuya materialización se produce en el control democrático, institucionalizado, del gobierno, a través de la articulación de organizaciones civiles intermediarias – una variante liberal, voluntaria, plebeya, del mismo elogio aristocrático de Montesquieu a la importancia de los "cuerpos intermedios" *(les corps intermédiaires)* como garantías sociales de la libertad ante la tiranía.

Aunque siempre cuestionada por el voluntarismo de la izquierda, toda la tradición pluralista reafirmó esta tesis. Del elogio a las "múltiples afiliaciones" hecha por la sociología política estadounidense (Sartori, 1997), la alusión un tanto hermética a la "indisponibilidad de los no-élites" por William Kornhauser (1959) –que así distinguió las sociedades pluralistas de las "sociedades de masas" –, hasta llegar a las elaboraciones de Robert Putnam (1992) entorno al "capital social", todos se fijaron en la proliferación de asociaciones y organizaciones como un recurso indispensable para un control democrático del poder político.

Los jóvenes de hoy parecen propensos a rechazar mediaciones. Esto es a menudo aclamado como una renovada promesa de "democracia directa", pero debo admitir que soy escéptico. Un vago fervor compartido podría llevar multitudes a las calles en espasmos de movilización efímera, pero un problema olsoniano de acción colectiva (Olson, 1965) se impondrá tarde o temprano, en los tiempos (de mucha mayor duración) en que la gente anhela el retorno a la rutina "normal" en sus vidas.

En un paisaje relativamente carente de "cuerpos intermedios", por más que las personas tengan la sensación de actuar "libremente", actores con posición más central en las redes del poder (por lo general los gobiernos, o también los titulares del poder económico) disfrutarán de mayores grados de libertad para perseguir sus propósitos y dictar unilateralmente la agenda política, es decir, para configurar las opciones sobre las que los ciudadanos serán llamados a pronunciarse.

Miren las noticias que vienen de Brasil, aún hoy. La movilización de las calles está siendo seguida por un liderazgo sin precedentes de Dilma Rousseff, quien enérgicamente se reapropia de la iniciativa política para reintroducir propuestas del gobierno junto al Congreso y crear otras, movilizando todos los gobernadores y los alcaldes de las capitales. Probablemente era lo que debía hacer, y lo que las calles esperaban. Pero, para bien o para mal, habría sido imposible que ella hiciese lo mismo hace un mes. Éste es el aspecto teórico central aquí.

El caso de Brasil aún puede ser un ejemplo benigno –el tiempo lo dirá. Pero respecto de este asunto, nada viene a la mente con más fuerza que el caso de Italia en los últimos veinte años. Allí, la operación "Manos Limpias" en la década de los noventa devastó el sistema de partidos, bajo un esfuerzo decidido contra la corrupción arraigada en la política italiana. En el paisaje de tierra quemada que se produjo, ¿quien logró convertirse en el beneficiario? Uno de los hombres más ricos del país, Silvio Berlusconi. ¿Por lo menos la corrupción se ha ido? Nadie lo creería.

Aunque la izquierda tienda a abrazar una utopía anti-institucional para el mundo post-revolucionario, sospecho que en el mundo que realmente existe debería atrapar la arena política con multitudes de organizaciones para limitar la libertad de acción y el alcance no sólo de los gobiernos, sino –más fundamentalmente– de los dueños del poder económico.

Las redes e Internet nos dan la opción de la acción directa y, haciéndolo, nos dan la ilusión de un "protagonismo difuso". Pero, por razones puramente topológicas, relacionales, no pueden existir protagonismos difusos. El poder será ejercido desde centros organizados para eso. De manera ostensiva y pública por el estado, idealmente controlado por una red autónoma y responsiva de organizaciones. O entonces de manera subrepticia y extralegal por los dueños del poder económico.

Por lo tanto, aventuro la hipótesis de que, a pesar de las apariencias en contrario, son los titulares del poder económico los beneficiarios del debilitamiento de los cuerpos intermedios en la política. Además, las redes sociales, más allá de que ayuden a los ciudadanos a que se manifiesten de forma independiente de lo que señalan las grandes organizaciones jerárquicas, son también –como dijo Julian Assange sobre Facebook– la más formidable máquina de espionaje que se ha inventado (RT News, 2011). A mí me parece claro que los gobiernos gozan de enormes ventajas estratégicas sobre los ciudadanos dispersos en el procesamiento de información. ¿Cuánto tiempo van a dejarse sorprender?

Notas finales

Sin embargo, la crítica y la desconfianza en cuanto a los intermediarios en la política están aquí para quedarse. Hay un rechazo generalizado, tecnológicamente condicionado, a cierta (aparentemente inevitable) burocratización de la política, cerrada en el interior de las instituciones parlamentarias, pero no sólo de ellas. El desafío que plantea para la democracia (y no sólo en América Latina) es tremendo. Vamos a tener que ser creativos en el diseño de formas institucionales que articulen la representación y participación por caminos más estrechos que los que logramos concebir hasta hoy, tratando de tomar ventaja de la Internet, mientras que, al menos, evitemos sus trampas más obvias.

Así, por ejemplo, en lugar de no conformamos con la ola plebiscitaria que nos llama a todos a votar, por nuestra computadora, en cuestiones del día a día con opciones establecidas por tecnocracias incontrolables (en el límite dispensándonos de representantes parlamentarios elegidos), sería mejor que permitiéramos que nuestros representantes salgan a debatir y deliberar en público sobre nuestra agenda y a responder periódicamente en las urnas, mientras que interferimos libremente – desde plataformas wiki – en los proyectos de ley que se debaten, y en los debates en torno a ellos.

Prescindir de los intermediarios, en lugar de promover la autonomía, nos privaría de instancias cruciales de responsablización política, sin la cual nos encontraremos sin mecanismos de control (aunque pobres) sobre las élites que inevitablemente se van a formar. Para los partidos de izquierda, que construyen no sólo su poder, sino sobre todo su legitimidad política desde una relación especial con los sectores movilizados (y organizados) de la sociedad civil, el desafío es particularmente complejo. Ahora, más que nunca, hay que equilibrar imperativos estratégicos –que recomiendan algún aislamiento de las cumbres– con un cultivo sensible y constante no sólo del apoyo de su base social, sino también de su real interlocución, ahora que ella se descubre con nueva capacidad de vocalización y acción autónoma.

No va a ser fácil. Los partidos más conservadores podrán continuar obteniendo parte importante de su poder de las alianzas con los principales grupos económicos privados. La izquierda es la que más necesita consolidar la organización en su base. Tendrá que reinventarse.

Referencias bibliográficas

Almeida, Débora Rezende de (2010). "Pluralização da Representação Política: os desafios da legitimidade democrática". Trabajo presentado en el *XXXIV Encontro Anual da ANPOCS*. Caxambu, Brasil: octubre 2010.

Cardoso, Fernando Henrique (1973). *O Modelo Político Brasileiro e outros ensaios*. São Paulo: Difel, 1973.

Gurza Lavalle, Adrián; Peter P. Houtzager; Graziela Castello (2006). "Democracia, Pluralização da Representação e Sociedade Civil". *Lua Nova*, 67: 49-103. São Paulo: CEDEC, 2006.

Katz, Richard S.; Peter Mair (1995). "Changing Models of Party Organization and Party Democracy: the emergence of the cartel party". *Party Politics*, 1 (1): 5-31, 1995.

Kornhauser, William (1959). *The Politics of Mass Society*. Boston: The Free Press of Glencoe, 1959.

Nabuco, Ana Luísa; Ana Lúcia Macedo; Rodrigo Nunes Ferreira (2009). "A Experiência do Orçamento Participativo Digital em Belo Horizonte: o uso das novas tecnologias no fortalecimento da democracia participativa". *Informática Pública*, 11 (1): 139-55. Belo Horizonte, 2009.

Olson Jr., Mancur (1965). *The Logic of Collective Action: public goods and the theory of groups*. Cambridge, MA: Harvard University Press, 1965.

Offe, Claus (1985). *Capitalismo Desorganizado*. Traducción de Wanda Caldeira Brant. São Paulo: Brasiliense, 1989.

Putnam, Robert D. (1992). *Making Democracy Work: civic traditions in modern Italy*. Princeton: Princeton University Press, 1992.

Reis, Bruno P. W. (1995). "Corporativismo, Pluralismo e Conflito Distributivo no Brasil". *Dados - Revista de Ciências Sociais*, 38 (3): 417-57. Rio de Janeiro: IUPERJ, 1995.

RT News (2011). "WikiLeaks revelations only the tip of iceberg – Assange". (http://rt.com/news/wikileaks-revelations-assange-interview/, 22/09/2013)

Sartori, Giovanni (1997). "Understanding Pluralism". *Journal of Democracy*, 8 (4): 58-69, octubre 1997.

**QUINTA PARTE:
¿Podemos hablar de una mutación
de la democracia?**

I. Manuel Antonio Garretón

Me gustaría decir, en primer lugar que, frente a la pregunta de si existe una mutación de la democracia -y utilizando algo que también se dijo en estas reuniones- creo que hay una mutación cultural en la conceptualización y en la valoración de lo que es democrático: cómo se define, cómo se valora, cómo se adhiere o por qué se adhiere a la democracia. Y creo que sólo hay una metamorfosis, una transformación o un cambio en la materialidad en qué consiste la democracia. No veo que se pueda hablar de mutación, y ahí hay un primer problema que quiero plantear: ¿qué es la democracia? No qué es "democrático", sino ¿qué es la democracia? La democracia es, o una cosa muy general como una forma de vida, o es algo más restringido aunque se base en la implementación de principios sobre la condición humana; yo diría más bien que la democracia es un régimen político y, por lo tanto, lo que puede haber es una mutación de régimen. Pero la democracia, el régimen democrático, nunca se metamorfosea, nunca se transforma. En el momento en que mutara, ya sería otro régimen, no sería un régimen democrático. Por lo tanto, lo que yo observo que ha mutado es el *concepto*, la *idea* de democracia.

Entonces diría que, como principio general, la idea de democracia se expande y abarca campos efectivamente nuevos. Las instituciones se restringen en su legitimidad, en su valoración, es decir, las instituciones o los mecanismos que expresan al hombre ideal, al hombre democrático, tienden a expandirse. Existe ahí entonces una tensión entre lo que es la materialidad, las instituciones, los mecanismos, y por otro lado las valoraciones o la apreciación. Decir que lo que expresa la soberanía popular es el sufragio universal, es reducir el concepto de soberanía popular a un acto que, digamos, se hace cada cuatro o cinco años como dicta la norma. Hay siempre en todo régimen político y especialmente en el democrático, una contradicción o -mejor dicho- una *tensión* entre los principios y los mecanismos institucionales.

Una segunda observación es que los regímenes democráticos llegan a América Latina, se instalan masivamente en nuestro continente prácticamente en todos los países, precisamente en un momento en que ocurre un fenómeno en el mundo que hace más compleja su instalación. Porque la teoría democrática, desde mi perspectiva, se refirió siempre a una *polis* considerada como un Estado-Nación. Entonces, ¿qué es la democracia? La definimos operacionalmente en un espacio territorial, una población que vive una economía, una política, una cultura, una estructura social, cuyos miembros se convierten en ciudadanos para tomar decisiones relevantes sobre sus vidas a través de los representantes que eligen en el centro de toma de decisiones que es el Estado. Es una definición operacional. Se la puede remitir a sus principios, se puede sostener que es la mejor manera de vivir, que es el menos malo de todos los regímenes, se puede decir cualquier cosa. Ahora bien ¿qué pasa cuando estalla la *polis* y cuando estalla el espacio territorial y el centro de toma de decisiones? ¿Qué sucede cuando decisiones tan relevantes sobre la vida de la gente (como el nivel de empleo, o el salario) no las puede tomar el gobierno democrático sino que las decide la bolsa? Dicho de otra manera, la democracia (y en especial la democracia ateniense) fue pensada para Estados-Nación. Entonces, ¿qué pasa cuando sus principios se debilitan o son interpenetrados? La *polis*, el lugar de toma de decisiones, ya no es el Estado nacional solamente. Las decisiones más relevantes parecieran tomarse o abajo o arriba de él. Entonces ahí hay un cambio muy importante, porque la relevancia de la democracia es diferente.

Ahora bien, es preciso mencionar una tercera cuestión: ¿hay o no hay una cierta historicidad de la democracia? ¿La democracia es siempre lo mismo o depende de la problemática histórica de cada sociedad? ¿Es lo mismo un régimen democrático que tiene que enfrentar, por ejemplo, el problema del desarrollo o de la modernización, que una democracia que tiene que enfrentar los problemas de dependencia o de revolución? Con estas preguntas pretendo seguir las trayectorias de nuestros países. ¿Es lo mismo una democracia que tiene que enfrentar como problema fundamental la lucha contra una dictadura y establecerse como anti-dictadura, y no como organización del poder político en pos del desarrollo o para la revolución o hacia el socialismo? Entonces, si hay una cierta historicidad de la democracia, ¿cuál es la problemática histórica de nuestra sociedad actualmente? Y en ese sentido, ¿cómo es la democracia adecuada para enfrentarla? Esta sociedad se enfrenta un tipo de problema que no ha existido antes, que ya no es el desarrollo, o la revolución, o la lucha, o la superación de las dictaduras. Al respecto, mi impresión -y lo he dicho muchas veces, por lo que no voy a insistir mucho en esto- es que estamos frente a una problemática histórica nueva, que se ha dado en tiempos cronológicos distintos según los países, pero todos ellos la tienen que enfrentar: la recomposición de las relaciones entre el Estado y la sociedad. Una situación similar o análoga a la que se presentó con la independencia y la creación de los Estados-Nación independientes, o cuando en la década de los '20 y los '30 se consolida el Estado oligárquico que va a tener que enfrentar otras problemáticas.

Ahora, dicho esto como marco para explicar entonces la metamorfosis de la democracia, quisiera referirme al aspecto que considero más relevante de la mutación cultural, conceptual o ideológica respecto a la idea de democracia. Y quisiera mostrarlo desde diversos ángulos. Uno tiene que ver con lo que podría llamar el *ethos* democrático: principio ético, fuerza fundamental, *human force* dirían los anglosajones, que es lo que hace que la gente adhiera, crea, o quiera la democracia. Y yo distinguiría, aunque sólo en términos analíticos y en términos generales, cuatro *ethos* democráticos: tres en los clásicos y uno nuevo. Y esa diría que es la mutación fundamental. Ahora, por supuesto también aquí observamos metamorfosis, no sólo mutación, no se trata de una cosa o de la otra, pero hay una mayor mutación que cuando consideramos la materialidad de la democracia (los mecanismos), que siguen siendo relativamente los mismos —si bien pueden tener significados distintos, no mutan como significantes-.

Entonces, el primer *ethos* sería el republicano-liberal, que puede pivotear hacia el polo más liberal o hacia uno más republicano. Siendo más liberal el estilo de la democracia sajona o norteamericana, y más republicana la democracia europea continental, por su constitución. Para ilustrar este *ethos* podemos decir que los británicos van a votar hasta cuando están bajo las bombas, independientemente de cuál vaya a ser el resultado. Ante una misma situación, en América Latina sólo hubiéramos ido a votar si estábamos seguros de ganar. Ahí hay un *ethos*, que es una creencia en que eso es un fin en sí mismo y vale por sí mismo. Ahora bien, es preciso aclarar que nunca un *ethos* se presenta en forma pura, sino que están todos ellos "contaminados" entre sí.

Un segundo *ethos* es el que corresponde a la visión de la utopía igualitaria o a la utopía del socialismo, que sostiene que la democracia es el lugar, el espacio, el régimen, el tipo de sociedad que genera igualdad: se es más democrático mientras más corta sea la distancia entre débiles y poderosos, entre ricos y pobres, etc. Si consideramos que eso es lo que hace a la democracia, entonces se dirá que la sociedad cubana es más democrática que la sociedad norteamericana.

Un tercer *ethos* es, a falta de mejor palabra, el *ethos* comunitario, que básicamente significa la afirmación de un sujeto. Para entenderlo voy a mencionar dos ejemplos. René Zavaleta, un gran politólogo y amigo boliviano, decía que el momento más democrático de la sociedad boliviana fue la revolución del '52, pero sobre todo cuando existen asambleas populares. Y esas asambleas no eran mecanismos formales republicanos, liberales, etc. También se puede mencionar el momento más democrático para los mexicanos, la revolución mexicana; o el momento más democrático para los cubanos, la revolución cubana; en Argentina, éste sería el momento del peronismo. Entonces existe ahí una construcción práctica del concepto de democracia.

Mi hipótesis es que en el período previo a las dictaduras militares, de una u otra manera, primó una combinación del *ethos* comunitario con el *ethos* igualitario (que diferencia la democracia sustantiva o real de la democracia formal). Se llamaba "democrático" a aquello que democratizaba la sociedad, independientemente de que se hiciera bajo fórmulas republicanas, liberales, estructurales, etc. Pero luego, las dictaduras hacen pasar, hacen curar la primera mutación; hacen que la gente valore los partidos, el *ethos* liberal-republicano, es decir, la democracia como un valor en sí mismo y no sólo como un instrumento para obtener igualdad. Y esa, yo creo, es la mutación fundamental. Ahora bien, mi impresión es que estamos ante una mutación cultural, conceptual, respecto a la valoración o predominancia de la valoración del *ethos* liberal-republicano en las democracias actuales de América Latina. ¿Cómo llamar a este último y novedoso *ethos*? Aquí hay una complicación, pero yo diría que es el principio de la "auto-realización". Y ese principio supone que uno adhiere a la democracia porque le permite vivir mejor, ser mejor. Entonces lo que vemos es un *ethos* de la auto-realización, que prima aunque se combine con los otros. La democracia es lo que me permite ser.

En este punto se pueden observar tres tipos de componentes en este *ethos*. El primero es el componente individualista, que transforma al sujeto de *ethos* liberal-republicano -que es el ciudadano- en un consumidor; la felicidad, la auto-realización consiste en el consumo. Es evidente que hay un *ethos* individualista que puede llevar a confundir consumo con ciudadanía, y que se resume en la expresión "tengo derecho a tener...". El segundo componente es el de las categorías, ya sean las categorías sociales o grandes agrupaciones, por ejemplo, los jóvenes, las mujeres, que lo que buscan en la democracia es una forma de vida, de realización de su especificidad o identidad que no es reductible al puro consumo individual. El tercer componente, más general que los anteriores, tiene que ver con la idea de una sociedad mejor, de una convivencia democrática, de una utopía en la cual todos día a día ejercemos nuestros derechos y vivimos en democracia. Y se ve expresado en todo aquello que se vincula a la comunicación o a Internet; por ejemplo, cuando se afirma que no hay nada más democrático que el espacio de *facebook* o de *twitter*. Uno puede no estar de acuerdo, pero una gran parte de la población lo vive así.

De modo entonces que el problema planteado es el paso de distintos *demos*: el *demos* del período pre-dictadura, *grosso modo*, era el pueblo; el *demos* del período democratización post-dictadura, era el ciudadano; el *demos* actual es mucho más complejo porque es una mezcla de individuo, de categorías sociales, de aspiraciones generales, y también de ciudadanos. Y entonces, las formas organizacionales e institucionales en que se expresa ese *demos* varían, y las fórmulas clásicas (por ejemplo, partidos políticos) son atravesadas y estalladas. Siguen siendo expresión del *demos* estrictamente ciudadano, pero no logran expresar sus otras formas.

II. Bernard Manin[110]

En primer lugar, respetando la idea de debate y de diálogo que nos convoca esta tarde quisiera decir que comparto en buena medida los análisis que Manuel Antonio Garretón acaba de exponer, pero hay un punto sobre el cual tengo una perspectiva diferente o que al menos podríamos discutir. Uno de los temas que desarrolló es que asistimos, no tanto a una transformación de las instituciones democráticas sino a una transformación cultural, a una transformación del modo de conceptualizarlas y de expresarlas. Hay muchos argumentos a favor de esa idea, pero yo quisiera adoptar un punto de vista algo diferente.

Las instituciones que hoy en día llamamos democráticas son la herencia o el producto de una historia que no es inmensa, que no se remonta a la antigua Grecia sino a la época de las revoluciones modernas: la revolución inglesa, la norteamericana, la francesa, o sea algo más de dos siglos. Y no carece de interés pensar que la palabra democracia, aun cuando haya sido acuñada por los atenienses, por cierto sector de la sociedad ateniense, en el siglo V antes de nuestra era, o bien en el siglo VI o VII, ha transcurrido la mayor parte de su historia, o sea algo más de dos milenios, dando nombre a un régimen de gobierno poco eficiente. Desde la caída de Atenas hasta fines del siglo XVIII en Europa, los escritores políticos, las personas que reflexionaron sobre la política, consideran que la caída de Atenas, su derrota frente a Esparta, y de un modo general,

---

[110] Traducción de Miguel Paleo.

los desórdenes con los que se identifica a la democracia hacen de ella un mal régimen. Es una paradoja sobre la cual no hay que detenerse demasiado. Pero vale la pena recordar que durante la mayor parte de su historia la noción de democracia ha dado nombre a un régimen sujeto a las convulsiones, a las perturbaciones y a la debilidad o la incapacidad atenienses.

Desde ese punto de vista, lo que ocurrió con el final del siglo XVIII y las revoluciones modernas es justamente la creación de algo que debía durar mucho más tiempo que esa efímera democracia ateniense. Los fundadores de este régimen estaban muy preocupados por su capacidad para durar, para subsistir a través de las modificaciones de las circunstancias. Tuvieron éxito, en efecto. Las instituciones que vemos hoy en día y que llamamos democráticas son el producto de esa herencia y, de un modo general, vemos en la realidad que los elementos esenciales de este sistema institucional no han cambiado: la elección de los gobernantes a intervalos regulares; el hecho de que los que gobiernan no reciben instrucciones de los gobernados; el rol de la libertad de la opinión pública y la facultad de expresarse sin el control de los gobernantes; y el rol de la discusión, el hecho de que las decisiones públicas sean sometidas a discusión. Estos cuatro elementos son inventos institucionales que no han cambiado.

Pero volvamos ahora a los conceptos de Manuel Antonio Garretón. Si bien es cierto que esos rasgos institucionales no se modificaron, al mismo tiempo creo que sí ha cambiado lo que han hecho o lo que hacen con ellos los individuos y las sociedades. Hemos visto cómo esas instituciones seguían siendo las mismas y al mismo tiempo adoptaban nuevas formas. Para decirlo de manera quizás más concreta: el régimen de la democracia representativa, inventado a fines del siglo XVIII, aparece en sociedades masivamente rurales, con escaso nivel educativo. En relación con lo que vendría más adelante, nos quedamos con estos dos rasgos. Estos regímenes atravesaron luego la primera y la segunda industrialización, o sea transformaciones sociales muy considerables, una transformación del mundo, las transformaciones vinculadas con la educación y con la urbanización pero, al mismo tiempo esas instituciones adoptaron otras formas. Tomemos por caso los partidos políticos de masas, que no pertenecían para nada al orden original de las instituciones representativas. Vimos cómo se desarrollaron, cómo fueron echando raíces y, por lo tanto, yo diría aquí que es el dualismo entre la estabilidad y el cambio lo que resulta defectuoso para comprender las instituciones representativas. Estas instituciones tienen la capacidad de conservar sus rasgos esenciales y producir al mismo tiempo formas diferentes porque hay posibilidad de ajustarse a las circunstancias. Y por lo tanto, podemos decir, manteniendo el tono amistoso de nuestro debate, que las cosas han cambiado, efectivamente. Por ejemplo los partidos políticos no existían y eso ya constituye una novedad.

En la actualidad vemos también innovaciones y modificaciones institucionales. Hemos oído decir que la democracia se reduce a las elecciones. Personalmente no estoy de acuerdo con esa idea. No se reduce a eso. Por supuesto la capacidad de elegir y, sobre todo, de deponer a los gobernantes son valores de la democracia.

Manuel Antonio Garretón insistió en una idea muy interesante y muy fuerte: la democracia es hoy en día un bien intrínseco y no un bien instrumental, o sea que se busca tenerla para tenerla y no por lo que ella pueda procurar.

Es una tesis muy fuerte, de la que no creo estar persuadido, porque me parece que la capacidad para deponer gobernantes, para echarlos o la capacidad para expresar con independencia de su control aquello que no funciona, lo que traiciona las expectativas de los electores diciéndoles "esto anda mal", esas dos capacidades son más que bienes intrínsecos, son también lo que evita la monopolización del poder, aunque produzca resultados que no son exactamente cuantificables. Podemos saber que en los lugares, o en las experiencias de gobierno, como las dictaduras, donde esas dos capacidades no están garantizadas, la vida no es tan buena.

Vuelvo a la capacidad para transformarse o para seguir siendo lo mismo. No existen hoy día inventos tan institucionales como el voto, pero sí procesos o instancias diferentes. Hay instancias deliberativas, hay jurados de ciudadanos, o conferencias de ciudadanos, y esas innovaciones que son importantes no tienen que ver solamente con cambios culturales o cambios de percepciones.

También es necesario observar en estas reflexiones sobre las mutaciones de la democracia que debemos evitar escollos que son especialmente amenazantes: uno es la idealización del pasado, el mito de la edad de oro de la democracia, cuando todo parecía funcionar muy bien. Tenemos una propensión irreprimible a proyectar en el pasado cosas que hoy quisiéramos ver. Por ejemplo, y esto entra también en el marco de una discusión amistosa y sustancial, es cierto que las democracias de nuestro tiempo operan en un universo de dependencia, donde muchas decisiones, como decía Manuel Antonio Garretón, resultan de las acciones de agentes que no están sometidos a los territorios o a las unidades políticas. Y eso es muy cierto. No obstante, tampoco vayamos a imaginar que las unidades políticas hayan operado alguna vez en el vacío.

En torno a las potencias políticas había, ya en el siglo XVIII, ciertas pautas, ciertas imposiciones, y la gente, un poco para regocijarse, observaba que los sistemas de préstamos a interés establecían limitaciones a los soberanos. Es un tanto pedante decir esto, pero establece una referencia histórica, da una idea de esa propensión a proyectar en el pasado cosas que quisiéramos fueran ciertas.

Otro caso: una unidad política – y sigo retomando a Manuel Antonio Garretón – nunca se desarrolló en un mundo vacío; había siempre otras polis alrededor, otras limitaciones alrededor, lo que quedaba librado a decisión de los miembros de la unidad política existente era configurado o era determinado por ese contexto. Es por eso que no debemos ceder a la tentación de idealizar el pasado.

Y el segundo fenómeno que nos amenaza, en esta reflexión sobre la democracia, es querer reducir la democracia a un principio, a una institución. Por cierto es mucho más simple decir "la democracia son las elecciones". Es cierto que desde el punto de vista del análisis preferimos hablar de algo con conceptos simples, pero debemos decir y debemos aceptar que esa democracia, esas instituciones que vemos evolucionar, no son objetos simples, son objetos complejos. Esto también sería cierto en cuanto a los valores; no creo que podamos reducir la democracia a la opción de un solo valor. Hay un pluralismo intrínseco, por ejemplo un pluralismo o una tensión entre el principio mayoritario que pretende que la mayoría haga la ley y decida por todos, y por otro lado el respeto de los derechos individuales.

El respeto por los derechos individuales está intrínsecamente en tensión con el principio mayoritario. Cuando se consagran los derechos individuales decimos que están más allá de la decisión mayoritaria. Eso no quiere decir que la democracia sea algo contradictorio, sino que incluso en lo ideal, es un ideal que comprende una pluralidad de objetivos que están en tensión entre sí.

Y resalto aquí la tensión que me parece más importante, la que existe entre la decisión mayoritaria, por un lado, la decisión del pueblo (como se decía en otros tiempos, aunque hay que decir la decisión de la mayoría; no se puede hablar de decisión del pueblo, eso es una ficción de la imaginación, pero sí hay una decisión mayoritaria, y pueden hacerse muchas afirmaciones normativas a favor de la decisión mayoritaria) y el respeto de los derechos individuales, por otro lado, cuando decimos que estos derechos deben estar más allá de la alternancia partidaria. Por mucho que insista la mayoría, no se puede –no se debe- abolir la libertad de expresión…Pero existe aquí una tensión, con la cual seguimos viviendo en democracia.

En consecuencia, y siempre en el marco de un debate o de un diálogo, me parece que la democracia conserva su capacidad para adaptarse a las circunstancias, para albergar varios valores que coexisten en conflicto… sin intentar resolver la tensión, sin intentar reabsorberla, porque eso, en el fondo, sería una traición, algo poco adecuado a la noción de proyecto democrático.

III. Isidoro Cheresky

Ante todo quiero agradecer la participación de nuestros invitados internacionales. Algunos están en la audiencia, que son los colegas latinoamericanos, y quienes participan en el panel al cual yo me he sumado han sido visitas principales de este seminario, Bernard Manin de la EHESS de Paris, y con otras actividades académicas, y Manuel A. Garretón, de la Universidad de Chile. Es un honor para mí conversar y discutir con ellos.

Voy a comenzar, para agilizar, diciendo que me inspiraré en algo que Bernard Manin en algunos de sus escritos ha postulado, que es el debate contradictorio. Es decir, la argumentación destinada, no a crear consenso, sino, justamente, a desarrollar los argumentos con la idea de que el debate contradictorio ayuda al entendimiento aún desde posiciones diferentes. Entonces, yo creo que hay algunos temas de nuestras reuniones esta semana que se están ilustrando acá en las presentaciones, sobre los cuales las perspectivas difieren. Por lo pronto, la mutación de la democracia… yo creo que hay algo fundamental que Bernard Manin ha puesto de relieve al reflexionar sobre la democracia y es que la democracia remite a la división. No a la pluralidad, por la puesta en marcha de tal o cual dispositivo, sino porque la condición humana traducida políticamente es irreductiblemente diversidad y conflicto, aunque haya una aspiración al consenso inherente a la convivencia, a la conformación de una comunidad política. Eso me parece que es una afirmación en que coincidimos.

Ahora bien, con la referencia a la democracia yo creo que la distinción en la cual yo pondría el acento, y que tiene que ver con el argumento general, es que uno puede entender el régimen político en el sentido de los antiguos, es decir, la democracia no como la organización de una esfera de la sociedad sino como forma de sociedad. Y creo que, en las sociedades contemporáneas, esto que podemos llamar lo político de la democracia está en juego y no alude tan solo a la representación: no se trata de la representación política sino del modo de concebir el estar juntos. Pero este tema no lo voy a profundizar porque es el otro, el de la representación, el que está en el centro de nuestro diálogo. Pero quiero decir, en primer lugar, la democracia como forma de sociedad supone que hay una dimensión de la mutación que no podemos ignorar y de la que tenemos ilustraciones que han sido significativas en muchas democracias occidentales. Por ejemplo, el cuestionamiento de la segregación racial en EEUU, que ha tenido la sorprendente evolución de llevar un presidente de color a los Estados Unidos. Ahora bien, eso es del orden de la relación entre los ciudadanos, y por supuesto, tiene consecuencias sobre la representación política. Y podríamos decir lo mismo sobre algo que no existía en el imaginario político igualitario, que es, por ejemplo, el matrimonio para todos. Yo le decía a mis estudiantes: hace 30 o 40 años, no es que se estaba a favor o en contra; no existía ni en nuestro imaginario ni en el debate público. Entonces, esas transformaciones en el imaginario democrático, remiten a la forma de sociedad, como también algo que se evocó hoy en nuestros debates que es la aparición de los temas ambientalistas, sobre todo los relacionados a los derechos de las generaciones futuras.

Voy a focalizarme, sin embargo, en el sistema representativo. Efectivamente, hay un acuerdo general en que hay una mutación, aunque incluso no empleemos la palabra. Pero lo que no está claro es el alcance de esta mutación. Yo mismo, y el equipo de investigación "Las nuevas formas políticas", nos hemos inspirado mucho en el célebre libro de Bernard Manin sobre el régimen representativo y lo que él llamaba "la metamorfosis de la representación". Manin afirma: no es una crisis. Es decir, no vamos a volver al pasado de la democracia de partidos. Estamos frente a lo que en algún momento se llamó la "democracia de lo público" y luego la "democracia de audiencias", es decir, otro momento de la representación. El Posfacio reciente a su libro llevó a primer plano, justamente, el debate sobre dos modos de ver las cosas, sobre dos modos de interpretar la propia democracia de audiencias a la que él se refiere. La que él propone, por un lado, y, por otro lado, cierta heterodoxia que nosotros introducimos y que consiste –lo digo de entrada– en lo siguiente: en qué medida los dispositivos tradicionales son operantes y, sobre todo, en qué medida uno puede pensar que la política transcurre por canales institucionales. El tema central es ése: si efectivamente los canales institucionales se adaptan y la política sigue transcurriendo por canales institucionales transformados. Es una síntesis un poco rudimentaria, no sé si Bernard Manin la admitirá, pero es la que veo como el tema de debate contradictorio.

Entonces, desarrollaré alguna réplica, sobre todo a una argumentación que Bernard Manin realiza en el Postfacio a la última edición francesa de su libro[111].

Estamos de acuerdo en la centralidad del acto electoral, y el propio Bernard Manin se encarga, incluso en este Postfacio al que hago referencia, de indicar que, de todos modos, las elecciones no son lo que eran. En muchos sentidos, pero sobre todo en el de que no hay programa-mandato, en el sentido tradicional de la palabra.

Mi interpretación es que, efectivamente, hay un desplazamiento en el modo en que se organiza la competencia por la representación política, y en particular los procesos electorales. Los manuales de ciencia política se refieren a "sistemas de partidos". Sin embargo, hay países o sociedades donde el término tiene mucha mayor vigencia que en otros, por ejemplo, en la Argentina. De modo que, me sumo a la relativización del propósito que proponía Manuel Antonio Garretón. Los organizadores de la competencia política o los que toman iniciativas en el plano de la competencia política son lo que llamo los "líderes de popularidad". No es que los partidos hayan desaparecido completamente, pero no sé si pueden seguir teniendo este rótulo, porque difieren mucho de lo que nosotros conocimos hace treinta o cuarenta años; no es que se pueda concebir la competencia política, o incluso gobernar, sin organización políticas. Sabemos que hacen falta candidaturas, que hacen falta redes organizacionales. Pero la primacía de los liderazgos de popularidad es efectiva sobre todo en las competencias políticas nacionales presidenciales –ése es el punto más claro de este argumento–; en esas competencias, hay una relación directa, no mediada, con líderes que

---

[111] Una argumentación general similar a la del Postfasio a esta última edición francesa, de 2012, está contenida en la primera parte del presente volumen.

logran reconocimiento ciudadano. La interpelación directa prospera por muchas razones que tienen que ver con que ya no estamos en una sociedad industrial, con la caída del muro de Berlín, con argumentos que no viene al caso desarrollar; es decir que esos líderes de popularidad son los que tienen reconocimiento porque han encontrado una clave que les permite congregar adeptos. Y en la Argentina y en América Latina lo que sucede, sobre todo en vísperas de procesos electorales, es que estos líderes de popularidad son los articuladores, no de partidos -algunos pertenecen y otros no pertenecen a organizaciones consolidadas, se ponen el rótulo o no-, sino articuladores de coaliciones, con diferentes redes organizacionales, algunas ideológicas y muchas completamente pragmáticas.

Recurrentemente se presentaron las listas para la competencia de diputados nacionales y quienes leen atentamente los diarios entenderán qué es lo que quiero decir, porque efectivamente la constitución de las listas, por lo menos en los principales distritos, resultó de las iniciativas completamente personalistas de ciertos líderes, que promovieron articulaciones que atravesaban a los supuestos partidos o redes existentes, es decir, que atraían personas de acá y de allá, y sobre todo las listas principales se armaron así. Entonces, además hay un argumento que desarrolla Bernard Manin que me parece válido para ciertas sociedades y que tiene sentido: Bernard Manin dice en su postfacio, si no lo interpreté mal, "es cierto que los partidos no tienen más adeptos como tenían los partidos de masas, grandes cantidades de adeptos, además han perdido algunas de sus funciones, pero son eficaces en el parlamento, en la disciplina de los bloques parlamentarios y en las campañas electorales". No sé si en las sociedades latinoamericanas, o por lo menos en algunas de ellas, ese alcance de los partidos políticos aún reducido, es efectivo. Con esto quiero decir que no sé si las organizaciones políticas realmente no han cambiado de naturaleza. Es muy difícil concebir que si han perdido la base electoral haya elementos cohesivos para que prevalezca la disciplina parlamentaria y para que sean los actores de las campañas electorales o los que rijan temáticamente, o en cualquier sentido, las campañas electorales. Ahora bien, evidentemente hay muchos sentidos en los que no se puede prescindir de la organización política, más allá del sistema electoral, porque hacen falta fiscales o porque hace falta, en las presidenciales obviamente, para campañas nacionales hasta cierto punto, el contacto militante cara a cara en los pueblos, en los barrios. No es que yo creo que haya desaparecido la organización política. Mi pregunta es: ¿qué lugar tiene esa organización política? Y es más, ¿no podría haber organizaciones políticas más adaptadas a las transformaciones que se han producido en nuestro tiempo?

Entonces, otro argumento fáctico es que en América Latina en la mayoría de los países hay coaliciones políticas y hay líderes que articulan coaliciones políticas, y el principio del gobierno, aún en aquellos gobiernos donde hay un rumbo más o menos definido, es el de articular los partidos con connotaciones programáticas con los partidos que los brasileños llaman "fisiológicos", es decir, aquellos que quieren conservar las posiciones de poder y que pueden articularse hacia acá o hacia allá. Esas coaliciones que existen en América Latina, en consecuencia, son heterogéneas. Es muy difícil inscribir en un registro izquierda-derecha lo que pasa en los países de nuestra región. En algunos casos sí es posible, pero en muchos casos no.

Lo que existe sobre todo como organización política -a diferencia de los partidos que se conocieron en las sociedades del hemisferio norte en el pasado, que eran partidos de masas, partidos que tenían raíces sociales- los partidos actuales, lo que existe como organización política hoy, son partidos que se asientan en el aparato de estado, en lugares del aparato de estado, por ejemplo en las municipalidades. Y los militantes son los que se reclutan entre los empleados, los punteros en donde hay punteros. El problema no es terminológico, sino que podemos seguir hablando de partidos políticos, pero hay que ver la magnitud del cambio, el desplazamiento -a mi manera de ver- tan fuerte que se ha producido.

Entonces, pienso que esos líderes de popularidad -y esto es un punto de discusión con Bernard Manin y con Manuel Antonio Garretón también- establecen vínculos representativos, es decir, arman audiencia porque hablan por televisión o porque marginalmente hacen actos públicos, y lo hacen de un modo instituyente. Es decir, relativizo la idea de que hay una potencialidad de demandas sociales que son simplemente recogidas por los líderes. Que los líderes sean instituyentes quiere decir que hay malestares en la sociedad - malestares referidos a la seguridad, o los ingresos salariales, o a la inflación, por ejemplo-, pero los líderes de popularidad no son simplemente aquellos que capturan una demanda. Son los que le dan forma. Un ejemplo en la Argentina fue la popularidad que logró Néstor Kirchner después de haber ganado precariamente las elecciones en el año 2003. Si los argentinos hubiesen sabido que iba a descabezar la cúpula de las fuerzas armadas como lo hizo poco después de haber asumido la presidencia, o que iba a impulsar una política de derechos humanos como lo hizo, seguramente hubiera recogido menos del 22,4% de los votos. No porque esas políticas no fueran deseadas, sino porque eran temidas sus consecuencias.

De manera que cuando digo "líderes instituyentes", estoy diciendo que hay una configuración específica, una puesta en escena y una atribución de verosimilitud en la acción política, que hacen que no se trate simplemente de líderes funcionales.

Si hay un predominio de la popularidad sobre la organización -es lo que estoy diciendo- basado en estos vínculos directos, creo que estamos frente a otra escena política diferente a la democracia representativa en cualquiera de sus momentos anteriores. Esto se manifiesta en el hecho de que no hay cesión completa de soberanía en el acto electoral, es decir: quienes votan consideran legítimos a los gobernantes, aunque hasta cierto punto, porque hemos conocido en América Latina la destitución de presidentes por descontento popular. Tuvimos el caso de Fernando de la Rúa en la Argentina, pero hubo otros casos en Ecuador, en Bolivia.

Entonces, esta situación nueva da cuenta de la centralidad de la ciudadanía. No hago una exaltación de una ciudadanía que sería depositaria de una virtud redentora, no creo para nada eso; simplemente quiero decir que estamos en tiempos en los que la protesta, como lo ilustran las movilizaciones en Brasil en 2013, iniciadas por un incremento residual del precio del transporte que moviliza los descontentos que habían venido siendo predicados por una organización mínima, llamada "Pase Libre", y que de pronto se transforman en la manifestación de un descontento variado, heterogéneo, con los que gobiernan. Y considero que, efectivamente, la consecuencia de que no haya cesión de soberanía en el acto electoral es que existe una ciudadanía vigilante, a distancia del poder. Habría que hablar acá de un tema que no voy a abordar, el de la democracia como un régimen mixto -el tema de la mixidad del régimen representativo Bernard Manin lo plantea y es muy importante en su libro-. Cuando digo que la democracia es un régimen mixto quiero decir que es un régimen de igualdad y de aristocracia (otros dicen "oligarquía"), es decir, que no hay modo de organizar la vida en sociedad sin que haya una clase política, un dispositivo de gobierno y magistraturas con privilegios. Los ordenadores que posibilitan la expresión de la voluntad popular al mismo tiempo plantean un desafío en relación al principio igualitario. No puedo aquí abundar en esto.

La desconfianza ciudadana se sustenta, creo, en que hay, en el actual momento de las nuevas tecnologías de la comunicación y de la caída de las adscripciones ideológicas, una visibilidad nueva de esta dimensión aristocrática. En la elección de los gobernantes no solamente no hay una cesión plena de soberanía, sino que no hay un lazo "encantado", digamos, o confiado, en los gobernantes. En consecuencia, una de las expresiones de eso, por eso citaba el ejemplo de Brasil, es que cada decisión importante del gobierno –la del transporte no tenía un impacto tan importante en el gasto de las personas y no sé si la resolución 125 que generó la marea de descontento con el gobierno de los Kirchner era en sí misma una decisión tan significativa– o al menos ciertas decisiones desencadenan una reacción ciudadana de rechazo porque convergen malestares diversos. Esto quiere decir que vivimos en sociedades donde la legitimidad electoral no es suficiente para gobernar. No es que está en cuestión porque hay un proyecto alternativo para desalojar a los gobernantes, simplemente hay, o puede haber, veto de la decisión. Y ese veto consiste en un cuestionamiento de las decisiones que requeriría una argumentación pública para legitimar esa decisión. Y no le pasa sólo a Lula o a Cristina Kirchner, le pasa también a Evo Morales, que es un líder fundacional muy popular, pero cuando quiere hacer un aumento en el precio de los hidrocarburos o la carretera del TIPNIS atravesando un parque natural se encuentra con la reacción de los que están ahí y con otros malestares que se aglomeran y que bloquean y desafían la renovación de la legitimidad.

Mi interpelación a mis colegas de mesa es la siguiente: vivimos en "democracias continuas", ese es el término que yo empleo. ¿Qué quiere decir eso? El debilitamiento de la trascendencia del acto electoral, del que surgen representantes legítimos, supone que la legitimidad está en juego permanentemente; que hay otras representaciones que juegan en la vida política de un modo continuo. No porque observe que la ciudadanía es muy participativa, o que es muy participativa siempre; más bien es muy informada y muy propensa al descontento y al estallido. Ese es mi argumento para decir –y no es que quiera cambiar el rótulo de la democracia de lo público–, que esa línea o esa *mouvance*, ese movimiento, lo veo más en la dirección de una tendencia a la centralidad ciudadana, en la existencia de otros sistemas de representaciones. En definitiva, mi diferencia con lo que se dijo es la siguiente: el representativo se adapta, estoy de acuerdo, pero la política no transcurre solamente en el interior de las instituciones; en cambio, cada vez más, la política se traduce en una espontaneidad ciudadana.

La democracia es un régimen inestable y no solo conflictivo, y eso es lo que estoy tratando de explicar. Esa es su virtud y su riesgo. Y en consecuencia, está el sistema representativo por un lado, pero la gran novedad, la gran *mutación* del régimen político, es un desplazamiento hacia una vida pública bajo otros registros, entre los que hay que contar a las redes de Internet, es decir, las diferentes formas de ampliación del espacio público.

Los autores

Abélès, Marc

Doctor en Antropología y antiguo discípulo de Levi-Strauss, se ha dedicado a la etnografía política y la antropología de las instituciones. Director de investigaciones en el Centre National de la Recherche Scientifique (CNRS) y director de estudios en la École des Hautes Études en Sciences Sociales (EHESS), en nuestro país ha sido también Director del Centro Franco-Argentino (CFA) y actualmente se desempeña como profesor en el Instituto de Altos Estudios Sociales (IDAES).

Annunziata, Rocío

Doctora en Estudios Políticos de la École des Hautes Études en Sciences Sociales (EHESS) y Doctora en Ciencias Sociales de la Universidad de Buenos Aires (UBA), sus investigaciones abordan los fenómenos de la participación ciudadana y las transformaciones en la legitimidad democrática. Es investigadora del Consejo Nacional de Investigaciones Científicas y Técnicas (CONICET) con sede en el Instituto de Investigaciones Gino Germani, profesora en la Universidad de Buenos Aires (UBA), y profesora de la Maestría en Ciencia Política y Sociología de FLACSO.

Caetano, Gerardo

Doctor en Historia por la Universidad Nacional de La Plata (UNLP), actualmente se desempeña como coordinador académico del Observatorio Político de la Universidad de la República (UDeLaR) y como Presidente del Centro UNESCO de Montevideo. Además, es docente en la Universidad de la República y en el Centro Latinoamericano de Economía Humana (CLAEH). Sus temas de investigación están ligados a los procesos de integración latinoamericanos y su relación con la calidad de la democracia a nivel regional.

Cheresky, Isidoro

Doctor en Sociología de la Université de Toulouse le Mirail (UTM), es profesor titular de Teoría Política Contemporánea y Sociología Política en la Universidad de Buenos Aires (UBA) e Investigador Principal del Consejo Nacional de Investigaciones Científicas y Técnicas (CONICET). Ha sido Consultor del Programa de las Naciones Unidas para el Desarrollo (PNUD) en el área de gobernabilidad democrática y profesor e investigador visitante en variadas universidades nacionales y del exterior. Sus temas de trabajo, a los que ha dedicado numerosos libros, son: la dinámica democrática, la participación política, la participación ciudadana y los estudios electorales, entre otros.

Eryszewicz, Leandro

Licenciado en Ciencia Política de la Universidad de Buenos Aires (UBA) y estudiante avanzado del Doctorado en Ciencias Sociales de la misma universidad, en co-tutela con la École des Hautes Études en Sciences Sociales (EHESS). Es becario de posgrado del Consejo Nacional de Investigaciones Científicas y Técnicas (CONICET) y docente de teoría política en la Universidad de Buenos Aires. Su tema de investigación se centra en el análisis del significado de "lo local" y su relación con la politicidad, orientado hacia los discursos y rituales públicos de los liderazgos políticos locales en la política argentina contemporánea.

Garretón, Manuel Antonio

Doctor en Sociología de la École des Hautes Études en Sciences Sociales (EHESS), es profesor en la Universidad de Chile (UCh) y en la Universidad Nacional de General San Martín (UNSAM). Ha sido profesor e investigador visitante en variadas universidades chilenas y del exterior, habiendo escrito numerosos libros y artículos especializados sobre temáticas tales como las transiciones democráticas latinoamericanas, el impacto de las políticas neoliberales en la región, y las transformaciones recientes en los modelos de movilización social, entre otros temas.

Grimson, Alejandro

Doctor en Antropología de la Universidad de Brasilia (UnB), es Investigador Principal del Consejo Nacional de Investigaciones Científicas y Técnicas (CONICET) y Decano del Instituto de Altos Estudios Sociales (IDAES), donde también se desempeña como docente. Ha sido profesor e investigador visitante en variadas universidades nacionales y del exterior. Sus temas de investigación, a los que ha dedicado numerosos libros, son: las identidades populares, la cultura latinoamericana y los procesos migratorios, entre otros.

Iazzetta, Osvaldo

Doctor en Ciencias Sociales de la Facultad Latinoamericana de Ciencias Sociales (FLACSO-Brasilia), se desempeña como docente de sociología y ciencia política en la Universidad Nacional de Rosario (UNR) y como Director de investigaciones en la misma universidad. Ha escrito numerosos libros ligados a temáticas tales como la calidad de la democracia, el Estado y el derecho público, las transformaciones en el campo de la ciudadanía, entre otros.

Manin, Bernard

Doctor en Ciencia Política de la École des Hautes Études en Sciences Sociales (EHESS), se desempeña como Director de estudios y docente en dicha institución, así como también en la New York University (NYU). Ha sido Director de investigaciones en el Centre National de la Recherche Scientifique (CNRS), y profesor e investigador visitante en variadas universidades del exterior. Mundialmente reconocido por su obra *Principes du Gouvernement Représentatif* -traducida a seis idiomas-, actualmente se dedica a estudiar temas ligados a la democracia deliberativa y su relación con la representación política.

Mayorga, Fernando

Doctor en Ciencia Política de la Facultad Latinoamericana de Ciencias Sociales (FLACSO-México), es Director general de estudios y docente de la Universidad Mayor de San Simón (UMSS) en Cochabamba, Bolivia. Se ha desempeñado como consultor para diversas instituciones internacionales en temas de gobernabilidad y desarrollo humano en Latinoamérica. Sus temas de investigación están ligados a la relación entre movimientos sociales, Estado y democracia en Bolivia.

Quiroga, Hugo

Doctor en Filosofía de la Universitat de les Illes Balears y abogado de la Universidad de Córdoba, se desempeña como profesor e investigador en la Universidad Nacional de Rosario (UNR) y del Litoral (UNL). Sus investigaciones están abocadas a temas ligados a la historia política argentina, la calidad de la democracia, el republicanismo y el espacio público.

Rinesi, Eduardo

Doctor en Filosofía de la Universidad de San Pablo (USP), ha sido Rector de la Universidad Nacional de General Sarmiento (UNGS) y Director del Instituto de Desarrollo Humano en la misma institución. Además, se ha desempeñado como docente en la Universidad de Buenos Aires (UBA) y en el Colegio Nacional de Buenos Aires (CNBA). Autor de numerosos libros, sus temas de investigación están ligados a la filosofía política moderna, la historia argentina y la representación política.

Wanderley Reis, Bruno

Doctor en Ciencia Política del Instituto Universitário de Pesquisas do Rio de Janeiro (IUPERJ), actualmente se desempeña como profesor de la Universidade Federal de Minas Gerais (UFMG). Director académico de la Asociación Brasilera de Ciencia Política (ABCP), se ha desempeñado como consultor en temas de control democrático y desempeño institucional. Se ha dedicado a estudiar temáticas ligadas al conflicto distributivo y el proceso de modernización en Brasil, así como también ha indagado sobre procesos de control democrático y sistemas electorales en dicho país.